V&R

TÄGLICH LEBEN – BERATUNG UND SEELSORGE

In Verbindung mit der EKFuL
herausgegeben von Rüdiger Haar

Rüdiger Haar

Rites de Passage

**Beratung und Seelsorge
an den Lebensübergängen**

Vandenhoeck & Ruprecht

Bibliografische Information der Deutschen Nationalbibliothek

Die Deutsche Nationalbibliothek verzeichnet diese Publikation in der Deutschen Nationalbibliografie; detaillierte bibliografische Daten sind im Internet über http://dnb.d-nb.de abrufbar.

ISBN 978-3-525-67016-3
ISBN 978-3-647-67016-4 (E-Book)

Printed in Germany.
Satz: SchwabScantechnik, Göttingen
Druck und Bindung: ⊕ Hubert & Co, Göttingen

Gedruckt auf alterungsbeständigem Papier.

Inhalt

Vorwort

Feiern anlässlich von wichtigen Phasen des Lebens haben nichts von ihrer Attraktivität verloren. Sie begleiten den Menschen von der Geburt bis zu seinem Lebensende und beinhalten Rituale, die Sicherheit und Geborgenheit angesichts neuer Aufgaben und Unsicherheiten gegenüber der Zukunft geben sollen. Rituale stellen Wiederholungen von Vertrautem im Fluss der Dinge und Zeiten dar. Unser Alltag lebt von Ordnung und Sicherheit schaffenden Riten und wenn es auch nur die »Tagesschau« am Abend oder der Abschiedsgruß einer Fernsehmoderatorin (»alles wird gut«) ist. Die Umarmung zur Begrüßung und zum Abschied, der abendliche Kuss für die Partnerin, der Kaffee ans Bett oder der Blumenstrauß zum Hochzeitstag gehören genau so dazu wie das Treffen der Familie in den Weihnachtstagen oder an besonderen Geburtstagen. Auch wenn diese Gesten als Förmlichkeit diskreditiert wurden und tatsächlich eine Form von Macht über andere darstellen können, wird heute ihre Bedeutung für Orientierung und Sicherheit im Leben wieder geschätzt. Auch bei wichtigen Übergängen im Leben zeigt sich, dass Rituale das Leben strukturieren helfen. Sie erscheinen wie Brücken bei einem Übergang an das neue Ufer. Die dabei üblichen Sitten und Gebräuche erinnern an die »Rites de Passage« fremder Völker, die allerdings durch ihre archaischen Formen (Beschneidung, Mutproben) auch für Befremden sorgen. Rituale lassen sich politisch nutzen. Sie können eine beklemmende bzw. euphorisierende Bemächtigung der Massen darstellen (Inszenierung nationaler Verschmelzung und narzisstischen Triumphs bei den Nationalsozialisten). Als Initiationshandlung sind sie Herrschaftsinstrumente z.B. beim Eintritt in militärische, staatliche, kirchliche und akademische Institutionen (Fahneneid, Vereidigung als Beamter, Ordination, Verleihung akademischer Grade). Selbst die manchmal am Rand des guten Geschmacks gestalteten Rituale bei der militärischen Ausbildung von jungen Erwachsenen werden bis heute hochgehalten, obwohl die Kritik an solcher Festigung von Schicksalsgemeinschaft und Korpsgeist heftig kritisiert wird.

Nicht alle Gebräuche sind sogleich Rituale. Dazu gehört eine gewisse mythische Überhöhung und häufig auch eine religiöse Bedeutung. Sie ist in der Regel an wichtige Stationen des Lebens gebunden. Zwischen Taufe und Beerdigung gibt es viele rituelle Feiern, die das Leben begleiten und strukturieren. Sie dienen der Identitätsbildung, zeigen dem Einzelnen seinen Platz in der Gemeinschaft auf und helfen den anstehenden Lebensübergang zu gestalten.

Im Umfeld dieser Entwicklungsschritte wird aber auch die seelsorgerliche oder psychologische Beratung anderer Menschen gesucht. Das kann auch damit zusammenhängen, dass viele Menschen aus einer Tradition festgefügter Lebensordnungen herausgefallen sind und nun eine Überforderung oder ein Leiden spüren, in dem sich der Wunsch äußert, sich selbst wieder finden zu können und Halt zu haben in der Beziehung zu einem Menschen oder zu Gott. In diesem Buch soll geschildert werden, wie Ritual und Beratung verbunden werden zu einer Hilfe, die dem Menschen ermöglicht, seine Ressourcen zu entdecken und mit Zuversicht den nächsten Schritt zu gehen. Dabei ist anzumerken, dass die Rituale selbst eine solche therapeutische Wirkung haben, indem sie z.B. die Familie stabilisieren und zur Selbstvergewisserung des Einzelnen beitragen. Gleichwohl kann der Übergang zu einem nächsten Lebensschritt eine kritische Bedeutung für den Einzelnen oder die Familie bekommen. Er ist eine Schwellensituation, in der Verlust des Gewohnten und innere Einstellung auf das Neue drohen und locken. Er ist erfahrungsgemäß sogar Auslösesituation für psychische Krankheiten. Er bedeutet eine kraftzehrende Aufgabe für Einzelne, aber auch für die mit ihnen verbundene Gruppe, Familie und Gesellschaft. Die Rites de passage machen so auf sensible Bruchstellen im Leben aufmerksam, die ein besonderes Verständnis und u. U. auch einer seelsorgerlichen oder psychologischen Beratung bedürfen. Dieses Buch soll Hinweise für solche Hilfen geben.

Ich danke meiner Tochter Jannike Marie Haar sowie meiner Kollegin Irmhild Ohlwein für die Korrekturvorschläge, die den Text noch einmal verständlicher gemacht haben.

Rüdiger Haar im Oktober 2011

1. Annäherung an das Thema

Als ich mit 17 Jahren als Jugendleiter eine Kindererholungs-
maßnahme begleitete, war ich stolz, Mitglied einer großen
Gruppe von vorwiegend erwachsenen Männern und Frauen
zu sein, mit denen ich abends Wein trinken und scherzen
konnte. Sie nahmen mich als einen der Ihren auf, wenn auch
manchmal ein wohlwollend spöttischer Blick auf mir lag.
Den habe ich nicht so ernst genommen in meinem Stolz und
auch in meiner Anhänglichkeit an die Älteren als der von
mir gewählten Peer-Group, die allerdings nicht ganz zu mir
passte. Ich war noch nicht erwachsen. Das merkte ich daran,
wie sehr ich mich an den »Großen« orientierte – vor allem
an einem 24jährigen, der sehr selbstbewusst war und den ich
im Spaß »mon général« nannte. Mein bester Freund war 19,
in Ausbildung und dadurch auch reifer und verwegener als
der nicht so lebenserfahrene Gymnasiast. An einem Abend
war ich früh müde und verabschiedete mich bald von der
feiernden Runde. Mitten in der Nacht wurde ich wach, weil
mich meine Kollegen an Armen und Beinen packten und
aus dem Bett zerrten. Sie flüsterten dabei und kicherten. Ich
wusste nicht, wie mir geschah, wehrte mich vergeblich und
wurde zum nahegelegenen See getragen und ins kalte Wasser
gelegt. In diesem Moment gab ich die Gegenwehr auf und
spielte »toter Mann«, gab keine Reaktionen mehr von mir –
wohl weil ich nicht weiter gequält werden wollte, auch nicht
durch verzweifelte Laute oder beschämendes Dastehen vor
den Anderen auffallen wollte. Ich blieb einfach liegen, was die
leicht betrunkenen Kollegen in Schrecken versetzte. Erst als
mein »bester Freund« auf meine Augäpfel drückte, regte ich

mich und löste so eine erleichterte Flucht der Anderen aus. In diesem Moment löste sich auch in mir etwas. Das Wasser war kalt und ich mochte nicht liegen bleiben, aber erst recht nicht in das Haus zurück, wo mich vielleicht die schadenfrohen Gesellen erwarteten. Ich schwamm hinaus und hatte das Gefühl, eine neue Freiheit gewonnen zu haben: ich würde nicht mehr mit Respekt und Hunger nach Anerkennung zu den erwachsenen Begleitern schauen. Ich fühlte mich reif, allein in die Welt hinaus zu schwimmen und zu gehen. In meinem Empfinden war ich gerade erwachsen geworden. Es war der Übergang von dem Jugendlichen, der sich an der Peer-Group orientiert, zum Erwachsenen, der auch allein für sich einsteht, Verantwortung annimmt und Distanz hält zu den nicht gerade mütterlichen oder väterlichen Freunden.

Die Überwältigung durch die Anderen und das kalte Baden im See sind für mich Sinnbild eines »Rite de passage«, eines Initiationsritus am Rande der Pubertät. Ich hätte gern in einer Beratung mit jemandem gesprochen, der sich mit solchen Riten und mit solchen Lebensübergängen auskennt und mir zusichert, dass das zwar eine derbe »Taufe« war, aber dass der Prozess des Erwachsenwerdens und seine plötzliche Verwirklichung durchaus nicht ungewöhnlich war, sondern zum Leben gehört. Ein Beratungsangebot mit einem anonymen Berater oder mit einem Seelsorger gab es für mich nicht und die Eltern, Geschwister, Bekannten, vor allen Dingen auch die »Freunde«, waren zu nahe, sie sollten die für mich beschämende Geschichte nicht mitbekommen. Der Zwischenfall war übrigens eine positive Verstärkung meiner Position in der Gruppe.

Die Jugend ist eine Lebensphase, in der solche Riten häufiger intensiv erlebt und erlitten werden. Die Erinnerung an die davor liegenden Übergänge ist verblasst und die danach erfolgenden erscheinen meist gesellschaftlich so eingebunden, dass sie nicht als ein entscheidender persönlicher Wechsel erlebt werden.

Vielleicht wird ein Experte für die Rites de passage sagen, dass solche kleinen persönlichen Veränderungen nicht als Riten zu bezeichnen sind. Aber mir liegt daran zu zeigen, dass auch gewöhnlich und subjektiv erscheinende Veränderungen als Lebensübergänge entdeckt werden können.

Aus diesem Vorhaben ist auch dieses Buch entstanden, das die Bedeutung von Übergängen im Leben, von Riten und Ritualen bekannter oder unscheinbarer Art, von Schwellensituationen und der dazugehörigen Ambivalenz oder auch Konflikthaftigkeit beschreibt. Es erzählt nicht nur von den Anderen, sondern auch von meiner eigenen Sensibilität für Lebensübergänge, wie ich sie vorher beschrieben habe. Diese Sensibilität brauche ich, wenn ich Seelsorge und Beratung mit Anteilnahme ausüben will und wenn ich kirchliche Riten nicht nur formal durchführe.

Diese Riten sind nicht immer die von der Gesellschaft angebotenen Rituale wie die Taufe, die Konfirmation oder Kommunion, die Trauung o. ä., aber sie beinhalten – wie ein Initiationsritus – den Verlust einer in der vergehenden Lebensphase noch möglichen inneren Einstellung, einer Identität, und den Ausblick auf ein zunächst noch riskant erscheinendes und zunächst auch einsames Vorwärtsgehen in eine neue Welt.

Jeder dieser Übergänge von einer Lebensphase in die andere hat mit Verlust und Trauer zu tun. Das, was war, hatte ja Sinn, war Teil der Bindung, die ein Mensch lernt, war ein System von Beziehungen, Schutzmechanismen, Selbstdeutung und Kompromiss zwischen Ideal und Realität. Das, was kommen sollte, erschien noch so schwer und so gefährlich. Erst nach einer schmerzvollen Desillusionierung merkt der sich entwickelnde Mensch, dass er reif für eine einsame Entscheidung mit all ihren Konsequenzen ist.

2. Persönliche Reifung, haltende Rituale und klärende Beratung – Einleitende Fallbeispiele

Fritz Riemann (Grundformen der Angst, inzwischen in der 40. Auflage erschienen) hat darauf hingewiesen, dass jedes Alter ihm entsprechende Reifungsschritte und dazugehörige Ängste hat, die überwunden und gemeistert werden müssen, wenn der Schritt gelingen soll. Die Zäsuren im Leben (wie Laufen lernen, Schulanfang, Pubertät, erste Begegnung mit dem anderen Geschlecht, Berufsbeginn, Gründung einer eigenen Familie, Mutterschaft und schließlich Altern und Begegnung mit dem Tod) sind verbunden mit alters- und entwicklungsgemäßen Ängsten, die der gesunde Mensch durchsteht und überwächst und deren Bewältigung für seine Reifung und Fortentwicklung sogar besonders wichtig ist. Immer bedeutet ein solcher Schritt – so Riemann (9) – eine Grenzüberschreitung: Von etwas Altem, Vertrautem sich lösend in Neues, Unvertrautes sich zu wagen. Riemann hat die bei der Grenzüberschreitung entstehenden Ängste in vier Grundformen eingeteilt: 1. die Angst vor der Selbsthingabe, als Ich-Verlust und Abhängigkeit erlebt; 2. die Angst vor der Selbstwerdung, als Ungeborgenheit und Isolierung erlebt; 3. die Angst vor der Wandlung, als Vergänglichkeit und Unsicherheit erlebt, und 4. die Angst vor der Notwendigkeit, als Endgültigkeit und Unfreiheit erlebt (aaO, 15). Diesen Ängsten entsprechen vier Persönlichkeitsstrukturen: die schizoiden, depressiven, zwanghaften und hysterischen Persönlichkeiten oder Strukturen.

Wie erleben Menschen mit unterschiedlicher Persönlichkeitsstruktur die kritischen Lebensübergänge? Welche Rituale helfen ihnen, mit den spezifischen psychosozialen Krisen umzugehen? Welche Bedeutung haben Beratung und Seelsorge für diese Bewältigung?

Der 15jährige Black-Metal-Anhänger, der schwarz gekleidet in der Schule herum geht und sich sichtlich von seinen Hip-Hop-begeisterten Mitschülern abgrenzt, leidet andererseits unter dem Alleinsein. In seinem Beziehungsverhalten zeigt sich sein Konflikt. Er möchte schon gern dazugehören, hat aber Angst, sich selbst zu verlieren und sich von den anderen Schülern abhängig zu machen, die einen ganz anderen Geschmack haben als er. In der Beratung wird ihm das deutlich und er kann die Angebote des Lehrers besser annehmen, der ihn vor der Klasse als etwas Besonderes darstellt, um die Kameraden dazu zu bringen, dem Mitschüler gegenüber tolerant zu sein und ihm nicht mit dem Aufdrängen von Kontakt oder, alternativ, mit völliger verachtungsvoller Ausgrenzung zu begegnen. Die Intervention des Lehrers hat Erfolg. Das macht die Schule für den abweisend wirkenden Einzelgänger erträglich. Er findet bald eine Gruppe von Gothics, denen er sich anschließt und bei denen er sich wohl fühlt, ohne Angst haben zu müssen, dass diese dunklen Einzelgänger ihn zu stark einbinden.

Die deutlich werdenden schizoiden Züge des Schülers werden also durch das Angebot eines Übergangsraumes in der Schule erträglicher und ermöglichen sowohl dort Eigenheit wie auch in der Gruppe der Gothics eine distanzierte Beteiligung an der Gemeinschaft. Die Beratung ermöglicht das Erkennen und Zugeben des Beziehungsproblems, dann auch das Aushalten der besonderen Haltung in der Einsamkeit und schließlich eine Angliederung an Menschen, die ein passendes Beziehungsangebot bereit halten, das weder zu dicht noch zu aggressiv-distanziert ist. Das ritualisierte Verhalten (lange sehr sorgfältige Herstellung der Haarfrisur, gleichförmige Ausstaffierung mit einer alternativen schwarzen Bekleidung), aber auch die rituell anmutende Umdeutung des Lehrers, der die bisher als defizitär eingeschätzten Kontaktprobleme des Schülers als Kompetenz einführt, ihm zu einer herausgehobenen Position verhilft, und schließlich die Aufnahme in die Gruppe der Gothics mit täglichen Treffen in der Innenstadt und abgrenzenden Gesprächen zu anderen Jugendlichengruppen, geben dem in der Beziehung zu anderen leicht unsicheren Jugendlichen Halt und Struktur.

Der 10jährige Gymnasiast hat gerade die Schule gewechselt. Nach der Vertrautheit der Grundschule sind die ersten Erlebnisse mit den älteren Schülern auf dem Gymnasium, die ihm auf rüde Art seine niedere Position zeigen und ihn auf der Treppe zur Seite stoßen, ängstigend und enttäuschend. Auch der grob fordernde Bio-Lehrer, der ihm deutlich macht, dass es hier nicht so behütet zugeht wie bei der »säuselnden Grundschullehrerin« zerstört sein Weltbild, in dem der Verlust von Behütung und Wohlwollen nicht enthalten ist. Er spürt deutlich, dass er sich verändern muss, um auf dieser Schule zurechtzukommen. In der Beratung wird die Angst davor, zu sich selbst zu stehen und eine eigene Position – auch gegenüber den Lehrern – einzunehmen, besprochen. Die Stützung seines Selbstwertgefühls ist das Ziel, das er mit dem Berater vereinbart. Er will es schaffen, erhobenen Hauptes in die Schule zu gehen. Aber immer wieder muss er mit der Angst vor Ungeborgenheit und Einsamkeit kämpfen und sich zwingen, aus der Ecke des Schulhofs heraus in die Mitte zu gehen.

Der depressiv wirkende Rückzug des Jungen, der am Übergang von der Kindheit zur beginnenden Jugendzeit steht, zeigt die Probleme dieser Schwellensituation an. Noch drängen regressive Wünsche an, sich in den Schoß der Eltern oder der Grundschullehrerin zurückzuflüchten. Bindung erscheint viel erstrebenswerter als Autonomie und Selbstwerdung. Die zunächst grob und unpädagogisch wirkende Intervention des Lehrers kann auch als Aufforderung verstanden werden, sich einer Initiation in die neue Welt der von Leistung und Ehrgeiz geprägten Eliteschüler zu stellen. Die Rempeleien der älteren Schüler auf der Treppe (auch eine Schwellensituation!) zeigen einerseits die Notwendigkeit, sich von den Schutzansprüchen als Kind zu lösen, andererseits die Umwandlung in einen, der zur größeren Gemeinschaft der Gymnasiasten gehört und seine Position finden muss – in der Unterordnung unter die stärkeren und in dem Stolz, trotzdem dazu zu gehören. Auch diese Interaktion ist ein jedes Schuljahr sich wiederholendes Ritual. Es erzwingt eine Bewegung heraus aus dem Vertrauten und eine Auseinandersetzung mit dem Neuen. Die Beratung ermöglicht dem Kind ebenfalls eine Anpassung an die neue Welt, aber sie trägt auch dazu bei, dass es im Vertrauen auf seine Ressourcen kämpfen lernt.

Der sechsjährige Grundschüler hat schon länger Auffälligkeiten in seinem Verhalten gezeigt, weil er nur bestimmte Kleidung tragen wollte und sich sehr penibel die Hände säuberte, auch eine sehr manierierte Art zu sprechen zeigte. Während er im Kindergarten akzeptiert wurde und die Erzieherinnen ihm einen Freiraum für seine Besonderheiten boten, sind die neuen Mitschüler nicht so vorsichtig. Er wird vorwärts gedrängt, wenn er zu langsam erscheint oder zu sehr auf Ordnung achtet. Das bringt ihn in Konflikt mit seinem Bestreben, den Fluss der Dinge aufzuhalten, um die Kontrolle behalten zu können und die Angst vor unkontrolliertem Leben zu beherrschen. Die neue Umgebung und die Dynamik der Schülergruppe, in der sich Cliquen und Banden mit schnell wechselnden Bündnissen bilden, drängen ihm Veränderungen auf, die er als unbeherrschbar fürchtet. Er erlebt Angst davor, dass ihm alles aus der Hand gleitet, was ihm Sicherheit verspricht, und jeder Morgen wird für ihn zu einer neuen Bedrohung. Er flüchtet sich zeitweise in Ordnungsrituale und Reinigungszeremonien, die die Eltern dazu veranlassen, eine Beratung aufzusuchen. Hier fühlt er sich verstanden und es wird ihm auch zugestanden, dass er das Tempo angibt und sein Problem selbst anspricht, wann er dafür bereit ist. In diesem geschützten Raum kann er sich um das Verständnis der Vorgänge in der Schule bemühen und er geht mit einer gewissen Neugier zurück zu den Mitschülern, die es ihm ermöglicht, das Gegeneinander von Wildheit und Wunsch nach Ruhe und Langsamkeit zu akzeptieren. Schließlich lernt er, sich wieder einzugliedern, weil er seine guten Begabungen einsetzen kann, um sich autonom zu fühlen und auch einmal anderen seine Meinung zu sagen und seine Vorstellungen zu vermitteln.

Diese zwanghafte Art der Lebensbewältigung führt besonders häufig zu Krisen an den Lebensübergängen, weil sie den Menschen in Versuchung führen, die Kontrolle aufzugeben, aber auch die Angst hervorrufen, der eigenen Willkür und Vergänglichkeit ausgeliefert zu sein. Die Bilder der Einschulung verraten, wie die Gesellschaft damit umgeht. Es wird noch einmal eine Zuckertüte verliehen, aber das zweite Foto ist schon das des brav in der Schulbank sitzenden, angepassten Schülers. Das Privatritual des Zwangsneurotikers kann als Aufstand gegen die von der Gesellschaft diktierten Ordnungen und Gewohnheiten verstanden werden. Ohne Beratung oder Seelsorge, die wieder den Weg in die Gemeinschaft (öffnen) ebnen und den inneren Konflikten Worte verleihen, kann dieser Aufstand auch in der Einsamkeit und im Stillstand der psychischen Entwicklung enden.

Der 14jährige Konfirmand macht mit seiner Jugendgruppe Ferien im Ausland. Mit drei anderen Jugendlichen löst er sich von der Gruppe, um ein eigenes Abenteuer zu erleben. Er lernt einen jungen Mann kennen, der homosexuelle Neigungen hat und der ihm eine freundschaftliche Beziehung anbietet und ihn zu sich nach Hause einlädt. Von dieser Begegnung darf der Jugendliche für sein Gefühl niemandem erzählen. Vor allem der strenge Leiter der Gruppe soll nichts davon erfahren und am schlimmsten wäre es, wenn sein konservativer Vater Wind davon bekommen würde. Er nimmt dann die Beratung in Anspruch, weil er wegen eines dramatischen Schwächeanfalls in die Klinik gebracht wird und der besorgte Vater die Beratungsstelle besucht. Es stellt sich heraus, dass organisch keine Defizite vorliegen, der Anfall also vermutlich ein großer Angstanfall war. In der länger andauernden Beratung kann der Jugendliche seine inneren Konflikte zwischen dem Wunsch nach Beziehung (und ihrer Fortsetzung!) und der Angst vor der Reaktion der Erwachsenen, der Beschämung und Bestrafung, benennen. Die Symptome des Angstanfalls bleiben danach aus.

In diesem Beispiel ist die Auseinandersetzung mit den Normen der Umwelt und dem Zwang zu eigener Verantwortung in einen Konflikt mit den heimlichen Wünschen nach willkürlicher selbstbestimmter Durchsetzung von aggressiven und sexuellen Wünschen geraten. Die Angst davor, einsehen zu müssen, dass unangenehm einschränkende Regeln der Erwachsenen einen auch vor Gefahren bewahren können und es sinnvoll sein kann sie einzuhalten, kann als Angst vor auswegloser Endgültigkeit und Unfreiheit einer hysterischen Persönlichkeit verstanden werden. Es ist sicher kein Zufall, dass der Jugendliche kurz vor einer ersten »Reifeprüfung« in der Konfirmation stand, also an der Schwelle zu einem verantwortungsvollen Handeln als Heranwachsender.

3. Grundlegende Konzepte: Rituale, Übergänge, Schwellensituationen, Versuchungs- und Versagungssituationen

Rituale gibt es seit Menschengedenken. Man kann sie als Niederschläge des traumatischen Wiederholungszwangs verstehen. Dieser lebt in der Kultur als »ein unberuhigter Rest, ein pathologisches Überbleibsel der Vorzeit – in einer Umgebung, die zwar aus seinen Niederschlägen besteht, ihn selbst aber derart überwunden hat, daß seine Niederschläge nun kostbare Errungenschaften darstellen: ein Ensemble erhebender Rituale, vertrauter Gewohnheiten, routinemäßiger Abläufe. Die Kultur bedarf ihrer. Sie sind die Basis jeglicher freien individuellen Entfaltung.« (Chr. Türcke, 235). Sigmund Freud beschrieb den Wiederholungszwang als Schlüssel zum Verständnis kirchlicher Rituale. Er sah Übereinstimmungen und Analogien zwischen der Zwangsneurose und der Religionsausübung, die ihn dazu führten, die »Religion als eine universelle Zwangsneurose« zu bezeichnen (S. Freud 1907, 21). Dieser Vergleich hat zu einer skeptischen Einstellung von Theologen gegenüber der Psychoanalyse geführt. Insofern gehört die Auseinandersetzung mit dieser Einschätzung zur Erörterung der grundlegenden Konzepte von Ritualen dazu. Es ist – hundert Jahre später – klar, dass Freuds These, das Rituelle sei mit dem Zwanghaften verwandt, eine allzu reduktionistische Auffassung war (Jungaberle etal., 9). Es ist anzunehmen, dass Freud als ein in der jüdischen Religionsgemeinschaft sozialisierter Mensch die rituellen Verrichtungen (Waschungen etc.) dort im Blick gehabt hat. Analog zu ihnen werden in der neurotischen Verarbeitung von Triebkonflikten immer wiederkehrende Handlungen und innere Einstellungen benötigt, um zum Gefühl von Reinheit zu kommen.

Dies trifft aber nicht zwangsläufig auf religiöse Rituale zu. Die Taufe beispielsweise mag zwar aus wiederholten Waschungen entstanden sein, aber Johannes der Täufer machte aus ihr eine einmalige Prozedur, die nicht wiederholt werden durfte (vgl. Theissen, 28f.). Nicht der Wiederholungszwang, sondern die symbolische Lösung von schwierigen Übergängen in eine neue Form der Existenz ist in der Regel die Grundlage von Ritualen. Dies wird bei einer genaueren Betrachtung der Funktion des Rituals in der Zwangsneurose deutlich.

Exkurs: Vergleich zwischen Zwangsneurose und religiösem Ritual

Das Beispiel des zwangsneurotischen Jugendlichen, der vor der Schwelle hin und her geht, sie aber nur mit einem Sprung überwinden kann (s. Kap. 3.3) deutlich machen, dass Rituale Versuche der Selbstheilung sein können. Sie halten die Zeit an, versuchen den Prozess und die Dynamik des Lebens durch Ordnung und Struktur für einen Augenblick zum Stillstand zu bringen, aus Angst vor unkontrollierten Entwicklungen. Sie bringen Ordnung in die Welt, wie es einst auch die Reinheitsvorschriften der jüdischen Religion machten. Diese sollten Grenzen setzen und damit Ordnung in eine sonst bedrohlich chaotische und durch ständige Ortswechsel bewegte Welt bringen. Die Unterscheidung von sauber und schmutzig, von rein und unrein, von gut und böse, sollte eine Kultur mit Ordnung und System herstellen. Auch die Unterscheidung der eigenen Gemeinschaft von anderen, der eigenen Lebenssituation von der der Gruppe, steckte dahinter. Rituale schaffen Unterschiede und damit auch Identität. (Mary Douglas 1985 zit. nach Belliger, 16f.). Die Abgrenzung von anderen (z. B. natürlichen Religionen) und der Stolz über eine enge geistig-seelische Beziehung zu einem unsichtbaren Gott wurden im Ritual zelebriert. Im Mittelpunkt der rituellen Gebote und Zeremonien stand die Vorstellung von der Heiligkeit Gottes, die die Menschen in ihrem eigenen Leben zu verwirklichen haben (Douglas 2008, 90). Dabei erschien die Welt in einer dualistischen Weise als unterscheidbar und im Unterschied definierbar.

Rituale sind für den Zwangsneurotiker in vergleichbarer Weise der Versuch, Makellosigkeit und Vollkommenheit zu erlangen durch eine dualistische Unterscheidung von reinen und unreinen Dingen und Gedanken und durch ein Festhalten an dem eigenen Willen und an einer magisch vorgestellten Macht. Seine Rituale fördern so die zeitweilige Beruhigung eines inneren Chaos durch innere und äußere Ordnungen. Das Ritual ist aber nicht der Weisheit letzter Schluss. Denn nur wenn der Grund der Angst bewusst wird, wird der zwangsneurotische Mensch wieder zu einem sich selbst steuernden und autonom bestimmenden Wesen.

Das Ritual braucht das Gespräch, in dem die persönliche Situation verstanden wird, ein Vertrauen zum Gesprächspartner entsteht, und auch die Verzweiflung des Ratsuchenden dahingehend abgemildert wird, sodass er sich wieder vorstellen kann, akzeptabel und einer Vergebung würdig zu sein. Damit ist er auch für die Erneuerung seines Gottesbildes vorbereitet. Erst wenn dieses Verständnis gewachsen ist, kann das Ritual eine festigende und das Alte durch die Zusage von Gottes Vergebung erneuernde Wirkung entfalten. Das Ritual ist dann kein unbewusstes Streben nach Selbstvergessenheit und Selbstgerechtigkeit mehr, sondern die Bestätigung einer neuen Erfahrung in der Beziehung.

Kirchliche Rituale haben nichts mit dem »privaten Ritual« (Erikson 1968, 481) zu tun. Sie mit den Zwangsritualen eines neurotischen Menschen zu vergleichen spricht für eine Engführung. Denn das Ritual ist aus archaischen Erfahrungen und Gewohnheiten früherer Völker entstanden. Für die Frage der psychologischen Wirkung von Ritualen und ihre Bearbeitung in Seelsorge und Beratung bleibt der Vergleich aber interessant.

3.1 Funktion von Ritualen und Gründe ihres Rückgangs

Rituale leisten wichtige Funktionen für die Psychohygiene. Sie stiften Gemeinschaft, entlasten den Einzelnen, sie stellen ein retardierendes Element im Lebensfluss dar und vermitteln traditionelle Werte und Lösungen. Rituale können Ruhe, Erneuerung und Kräfte für den nächsten Schritt bieten. In ihnen kommt die Welt eine Zeit lang zur Ruhe und wir in ihr (Heiko Ernst). Andererseits aber besteht auch die Gefahr der Erstarrung in rituellem Handeln und Denken. »Wenn Rituale nicht mehr Hilfsfunktion haben und sich selbständig machen, dann wird bereits im Vollzug der Sinn des Tuns gesehen (Ritualismus) und das Eigentliche vergessen.« (Kremer/Raimar/Lutzi, Jutta/Nagel, Bernd: Unfall als Krise, Göttingen 2011, 58).

Besonders für die Bewältigung von Krisensituationen wird den Ritualen eine hohe Bedeutung zugesprochen. Sie können der Selbstvergewisserung dienen, das Gefühl der Identitätssicherheit stärken, menschliche Zeiterfahrung ordnen und strukturieren und Übergangserfahrungen organisieren helfen und werden so zu einem »Halt gebenden Geländer« (aaO, 77). Darüber hinaus können Rituale in Situationen, die als sinnlos und zerstörerisch erlebt werden, eine innere Ordnung, eine Konzentration auf das Wichtige und eine Gemeinschaft mit anderen Betroffenen herstellen, die gegen die vielen auftauchenden Zweifel am Lebenssinn, gegen Sprachlosigkeit und Verlorenheit eine neue Perspektive eröffnen und Würde und Bodenhaftung zurückbringen.

Rituale sind aber in der zweiten Hälfte des 20. Jahrhunderts auch als Sinnbilder der Erstarrung und Formalisierung der Gesellschaft und als Möglichkeit zum Verdecken tatsächlicher Missstände und überholter Ordnungen (wie in der ritualkritischen Stimmung der sozialen Emanzipationsbewegung der 60er Jahre mit ihrem Sinnspruch »Unter den Talaren Muff von tausend Jahren«) angegriffen worden und deshalb in den Hintergrund getreten. Eine ritualarme Gesellschaft der Postmoderne, in der Event und Einschaltquoten mehr Bedeutung als Tradition und Bindung hatten, schloss sich an. Individualisierung und Flexibilität wurden in der durch Digitalisierung und Ausdifferenzierung von Fachwissen geprägten Gesellschaft gebraucht. In der Mediengesellschaft wird durch ständig wechselnde Erlebnisangebote eine Einstellung begünstigt, die nur selten ein Interesse an Vertiefung zeigt. Es geht eher darum, schnell Beziehung aufzunehmen und bei Abnahme des Reizes wieder auszusteigen und weiter zu hasten.

Rituale können eine solche Verflachung des Beziehungserlebens und auch die soziale Resignation infolge erfolgloser Suche nach immer neuen Reizen in der Beziehung verhindern. Rituale bieten Vertiefung und »Entschleunigung«. Sie heben das Besondere einer Lebenssituation hervor und geben ihr damit einen Ewigkeitscharakter oder jedenfalls ein Erinnerungsmerkmal. Aus der unübersehbaren Flut von digitalen Bildern werden beispielsweise Fotobücher zu einem Thema hergestellt, die wieder die Schönheit des Moments erahnen lassen. Wir suchen (wie Christopher Bollas schreibt) in unserem Leben Tag für Tag die Gelegenheiten für unsere Selbstentfaltung und Selbsterweiterung.

3.2 Sozialpsychologische Bedeutung von Übergangsriten

Rituale sind besonders häufig an Übergangssituationen im menschlichen Leben angebunden. Deshalb hat der französische Anthropologe Arnold van Gennep (1873–1957) sie schon 1909 als *Rites de passage*, Übergangsriten bezeichnet. Übergangsriten sind Riten, die einen Orts-, Zustands-, Positions- oder Altersgruppenwechsel begleiten. Gennep hat eine Klassifizierung von Riten mit Hilfe von ethnologischen Erkenntnissen vorgenommen. Dabei zeigt er auf, dass es in jeder Gesellschaft sakrale und profane Bereiche gibt und spezielle Übergänge von dem einen Bereich zum anderen. Sie sind durch bestimmte Riten gekennzeichnet, wie Taufe, Ordination usw. (Gennep 14). Weiterhin gibt es in den Gesellschaften getrennte Bereiche, wie

Geschlechtsunterschiede (v. a. bei halbzivilisierten Völkern), Familien (clans), Generationen und Altersklassen. Schließlich gibt es einen stetigen Wechsel des Individuums von einer Altersstufe zur nächsten und von einer Tätigkeit zur anderen. Der Übergang von einem Bereich in den anderen wird von speziellen Handlungen begleitet. Bei vielen Völkern sind solche Handlungen in Zeremonien eingebettet. Das Leben selbst macht nach Ansicht Genneps (15) die Übergänge von einer Gruppe in eine andere und von einer sozialen Situation zur anderen notwendig. Es besteht aus einer Folge von Etappen, deren End- und Anfangsphasen einander ähnlich sind: Geburt, soziale Pubertät, Elternschaft, Aufstieg in eine höhere Klasse, Tätigkeitsspezialisierung. Und zu jedem Ereignis gehören Zeremonien, die eine Überführung des Individuums in eine andere, genau definierte Situation begleiten sollen.

Diese Übergangsriten (rites de passage) erfolgen in drei Schritten:

- Trennungsriten (rites de séparation) kennzeichnen die Ablösungsphase,
- Schwellen- bzw. Umwandlungsriten (rites de marge) die Zwischenphase und
- Angliederungsriten (rites d'agrégation) die Integrationsphase (vgl. Gennep, 21).

In der Ablösungsphase geht es um die Loslösung aus einer Fixierung in der Sozialstruktur oder aus einem Zustand (z. B. durch Schwangerschaft). In der Schwellenphase »passiert« der Betroffene einen kulturellen Bereich, in dem weder die verlassenen Gegebenheiten noch die künftigen beherrschend sind. In der Angliederungs- oder Integrationsphase ist der Übergang schließlich vollzogen. Diese drei Phasen kommen nicht bei allen Gelegenheiten gleichwertig vor. Bei bestimmten Zeremoniellen sind besondere Phasen betont. Bei den Bestattungsriten stehen die Trennungsriten im Vordergrund, bei Hochzeitsriten die Angliederungsriten, bei Schwangerschaft, Verlobung und Initiation die Umwandlungsriten (ebenda). Komplette »Rites de Passage« sind eher selten.

Der britische Ethnologe Victor Turner (1920–1983) hat vor allem die mittlere Phase, die Schwellen- und Umwandlungsriten, weiter entwickelt und sie als Liminalität bzw. Anti-Struktur bezeichnet (Turner 2005). Gemeinschaftsstiftende Handlungen durchlaufen nach Turner einen Prozess des Bruchs, der Krise, der Lösung und der Reintegration (im Sinne des Schemas Struktur/Anti-Struktur/Struktur) wobei die Liminalität oder Anti-Struktur das entscheidende Moment ausmacht. Dies ist die Phase der Auflösung von Konventionen, Verhaltensmustern und sozialen Differenzen. In ihr erleben Menschen (nach Turner) »Communitas«, einen Zustand der Unbestimmtheit und Potenzialität. Soziale und psychologische Strukturen lösen sich auf und es entsteht das Potenzial der Transformation von Individuum und Gesellschaft (Belliger 2008, 13). Turner schildert den Schwellenzustand in Stammesgesellschaften. In ihm sind die »Schwellenwesen« weder hier noch da; sie sind weder das eine noch das andere, sondern befinden sich zwischen den vom Gesetz, der Tradition, der Konvention und dem Zeremonial fixierten Positionen (Turner, 95). Der Schwellenzustand wird häufig mit dem Tod, mit dem Dasein im Mutterschoß, mit Unsichtbarkeit, Dunkelheit, Bisexualität, mit der Wildnis und mit einer Sonnen- oder Mondfinsternis gleichgesetzt. Der symbolische Raum, in dem die Probanden sich befinden, kann sowohl ein Grab als auch einen Schoß darstellen.

Schwellenwesen, wie z. B. Neophyten in Initiations- und Pubertätsriten können als Monsterwesen verkleidet und geschminkt sein oder auch nackt gehen. Sie demonstrieren damit, dass sie keinen Besitz und Rang haben und auch in der Verwandtschaft keine Position mehr einnehmen. Sie werden damit auch den Mitneophyten gleich und zu Passivität und Demut (vor allem gegenüber ihren Lehrern) angehalten. Willkürliche Bestrafung müssen sie klaglos hinnehmen. Sie werden auch durch die gleiche Kleidung den anderen Initianden gleichgemacht, so als ob sie auf einen gemeinsamen Zustand reduziert würden, damit sie neu geformt und mit zusätzlichen Kräften ausgestattet werden können, die sie in die Lage versetzen, mit ihrer neuen Station im Leben fertig zu werden. Sie neigen dann dazu, intensive Kameradschaft und Egalitarismus zu entwickeln. Weltliche Status- oder Rangunterschiede verschwinden (ebd.). Alle Eigenschaften, die für die Zeit vor und nach dem Schwellenzustand kennzeichnend sind, werden abgestreift. Andererseits kann den im Schwellenzustand Befindlichen rituelle Macht – sogar über die höchste Autoritätsfigur eines Stammes – zukommen und diese Autorität wird dann als »Sklave« dargestellt. Turner vergleicht dies mit der Amtseinführung des Papstes, bei der dieser »servus servorum dei« genannt wird (ebd., 101f.).

3.3 Lebensübergänge als Versuchungs- und Versagungssituationen

Übergangssituationen im Leben, die häufig von rituellen Feiern begleitet sind, sind im psychotherapeutischen Sinn *Versuchungs- und Versagungssituationen* (Sigmund Freud, GW 1924, 335, 1912, 222). Wenn ein Mensch an einer Schwelle steht, eröffnet sich ihm ja ein neuer Raum und gleichzeitig die Notwendigkeit, aus der sicheren alten Umgebung herauszutreten. Diese Situationen werden damit zu auslösenden Situationen von neurotischen Konflikten, die etwas über die Irritation und die Überforderung von Menschen aussagen, wenn sie zwischen den Möglichkeiten der Zukunft und ihren Ängsten (vor Übertretung von Normen, vor den Folgen, vor der Reaktion der Umwelt, vor Scham) hin- und hergerissen sind.

In der stationären Psychotherapie konnte ich einen 12jährigen Jungen beobachten, der wegen einer Zwangsneurose behandelt wurde. Er war aus der Therapie in einem anderen Haus zu seiner Station zurückgekommen. Dort hatte er über seine Probleme mit anderen Kindern geredet und sich Mut für die Auseinandersetzung geholt. Nun stand er vor der Eingangstür und schien das Haus für gefährlich zu halten, denn er traute sich nicht hineinzugehen. Er ging vor und zurück, bis er schließlich Anlauf nahm und über die Schwelle sprang. Diese Episode zeigt die Wirkung von Schwellensituationen auf den ambivalenten Menschen.

In gewisser Weise besteht das Leben aber aus einer Vielzahl solcher Schwellensituationen. Schon das Kleinkind erlebt die Lust zum Experimentieren an den Grenzen und die Vorsicht, die durch Warnung der Eltern vor der Gefahr und durch die Angst vor den Folgen einer Übertretung von Verboten bestärkt wird.

Die eineinhalbjährige Paula schaut sich ein Bilderbuch an und macht Geräusche zu den Bildern. Als sie auf das Bild von der Steckdose stößt, ruft sie ein lautes, entschlossenes »Nein« und guckt mit aufgerissenen Augen auf die Abbildung. Die Neugier auf die (im Haushalt natürlich gesicherten) Stromspender, die laute Warnung der Eltern und die Begeisterung für beide spannenden Möglichkeiten des Handelns ist im »Nein« enthalten. Auch ist Nachahmung und beginnende Autonomie im »Nein« verborgen.

René Spitz (1973, 1954) hat das »Nein« als Zeichen der Weiterentwicklung und Wandlung der Objektbeziehungen vom physischen Kontakt zu den Distanzbeziehungen nach dem ersten Lebensjahr beschrieben (68). Durch die Fähigkeit zur aufrechten Fortbewegung erwirbt das Kind eine zunehmende Unabhängigkeit. Es sieht sich aber auch neuen Gefahren ausgesetzt. Die Mutter ist gezwungen, statt eines Wechselgesangs der Zärtlichkeit, der dem Kind Sicherheit und Geborgenheit verliehen hat, nun auch Verbote auszusprechen und »Nein« zu sagen. Da sich durch die Zunahme der Bewegungsfähigkeit des Kindes auch die Distanz zur Mutter vergrößert, ist diese gezwungen, Geste und Wort einzusetzen, wo sie früher mit der Tat eingegriffen hätte (69). Die Mutter muss die Initiativen des Kindes verhindern und zwar gerade zu dem Zeitpunkt, in dem das Kind sich im Gefühl zunehmender Lust an der eigenen stürmischen Aktivität erfreut. Der Prozess von der Aktivität zur Passivität setzt die Periode der Gebote und Verbote in Gang. Die Geste der Verneinung und das Wort »Nein« sind die ersten semantischen Symbole, die das Kind erwirbt (70). Sie kennzeichnen die Fähigkeit zu Nachahmung und

Identifizierung mit der Mutter und die Abgrenzung und Aggression ihr gegenüber gleichermaßen. So beginnt die Autonomieentwicklung des Kindes.

Mit dem »Nein« wird also der spielerische, experimentierende Drang des Kindes eingegrenzt. Da sich das Kind mit der verneinenden Haltung der Mutter identifiziert, wird auch die Fähigkeit zur Ambivalenz begründet: »ich möchte ja, aber ich will nicht«. Wenn man das begeisterte »Nein« von Paula im Ohr hat, kann man sich vorstellen, dass dies noch nicht mit Bedauern und Resignation zu tun hat, sondern eine lustvolle Übernahme der abgrenzenden Haltung der Mutter ist. Am Anfang steht die Lust zum Experiment. Wenn der zwölfjährige Zwangsneurotiker vor dem Sprung steht, wird die Entscheidung zwischen Aktivität und Passivität allerdings zur Qual. Das Denken und Grübeln ersetzt u. U. den Entschluss und die Dynamik. Aber normalerweise lernt das Kind mit Ambivalenzen umzugehen und mit Entschlossenheit vorzugehen. Das Ritual ist dabei eine Hilfe. Paula dreht sich zweimal um, bevor sie mit dem Zeigefinger auf die echte Steckdose zeigt. Sie wartet auf das »Nein« der Mutter und ihr Kopfschütteln und schüttelt dann selbst den Kopf. Diese rituelle Spielhandlung wiederholt sie im Laufe des Tages mehrfach. Die Rituale des Zwangsneurotikers sind nicht mehr ganz so offensichtlich. Sie bestehen in einer inneren Unentschlossenheit, die ihn stoppt und z. B. zum kreisenden Grübeln führt oder zu einem rituell sich wiederholenden Händewaschen. Die Schwellensituationen sind ein Auslöser für solche symptomatischen Verhaltensweisen. Sie erzeugen ein inneres Hin und Her zwischen Impulsen und Angst vor ihren Auswirkungen, das auch ein psychogenes Symptom (hier das unentschlossene Hin- und Hergehen als Zwangsphänomen) nach sich ziehen kann.

Auslösesituationen können verschiedene seelische Störungen nach sich ziehen (Ermann, 2007, 25).

1. Lebensereignisse, die eine Schwellensituation darstellen, können bei entsprechender neurotischer Disposition zur Auslösesituation für neurotische Störungen werden. Beim

Zusammentreffen eines aktuellen Konflikts mit einem gleichartigen unbewussten Konflikt hängt die Entstehung einer psychischen Störung vom Ausmaß der Spannungen zwischen Wünschen, Triebimpulsen, Idealen einerseits und den verinnerlichten Normen und Geboten oder Verboten andererseits ab. Wie die Entwicklungspsychologie zeigt, sind innerseelische Konflikte zunächst äußere Konflikte gewesen, die nicht befriedigend gelöst wurden (Mentzos 75). Im Laufe des kindlichen Lebens werden Verbote verinnerlicht und kommen in den Gegensatz zu Triebregungen und Wünschen. Die Spannung erzeugt Angst. Ein aktueller Konflikt (eine »auslösende Situation«) führt später zur Erinnerung an den unbewältigten Konflikt. Die Regression reaktiviert die infantilen Ängste. Diese werden unbewusst abgewehrt. Wenn die Abwehr misslingt, kommt es zu einer Kompromissbildung im Symptom. (Neurosemodell).

2. Beim Fehlen von wichtigen, in der Kindheit erworbenen Strukturen und stützenden Beziehungserfahrungen, kann der Mensch durch den Verlust von Beziehungen, die ihm Halt und Geborgenheit gegeben haben, in Hoffnungslosigkeit und Verzweiflung stürzen (Defizitmodell der Auslösesituation).

3. Frühere Traumatisierungen können durch eine Auslösesituation, nämlich einen Reiz, der das Trauma wieder gegenwärtig werden lässt, zur Vergegenwärtigung der alten Angst- und Schreckreaktion führen: Erregung, Starre und Fluchtimpulse werden erzeugt. Das Erleben ist das gleiche wie damals in der höchsten Not (Traumamodell) (vgl. Ermann, 78 f., Hoffmann/Hochapfel 58, 67, Porsch 23, Anna Freud 196).

Man kann das ganze Leben als eine Aneinanderreihung von Versuchungs- und Versagungssituationen betrachten (Schultz-Hencke, 100). Häufig handelt es sich dabei um Schwellensituationen, die das Leben begleiten: das Abstillen, die Sauberkeitsgewöhnung, die Geburt eines Geschwisterkindes, der Eintritt in Kindergarten und Schule, Schulabschlüsse und Prüfungen, Examina, erstes sexuelles Erleben, Berufswahl, Eheschließung, Geborenwerden von Kindern, Erreichung der Lebensmitte, Klimakterium, Sterben: in all diesen Situationen wird die erreichte Reife auf den Prüfstand gestellt, die Strukturen und Ressourcen werden benötigt. Wer die entwicklungsgemäßen Konflikte nicht befriedigend lösen konnte, den können sie nun einholen.

Die Entwicklung von Essstörungen fällt z. B. häufig in eine Verselbständigungsphase, in der ein junger Mensch die Chance zu einer besonderen Karriere (Studienbeginn, Berufseinstieg) bekommt oder durch die körperliche Entwicklung die besondere Aufmerksamkeit der Umgebung auf sich zieht. Andererseits birgt dies die Gefahr, sich dem nächsten Schritt nicht gewachsen zu fühlen, also in Studium oder Beruf nicht bestehen zu können bzw. die anerkennenden Blicke nicht zu ertragen (als sexuelle Übergriffe zu sehen) oder ihnen nicht zu genügen (als Forderung von Perfektion zu verstehen). Diese Situation, in der eine Versuchung und eine Versagung gleichzeitig stattfindet, wird auslösende Situation genannt (Reich, 51).

Fallbeispiel: Die 17jährige Maren ist ein sehr hübsches Mädchen. Sie wird wegen einer Magersucht vorgestellt. Sie berichtet, dass sie immer dünn und jungenhaft gewesen sei und in der körperlichen Entwicklung hinter den anderen Mädchen her. Als sie dann eine weibliche Figur bekam, wurden die Männer auf sie aufmerksam. Die Bauarbeiter pfiffen hinter ihr her und der Vater bot ihr an, sie könnte jetzt auch mal mit ihm tanzen gehen. Diese Form der Aufmerksamkeit berührte sie positiv, insofern als sie sich als etwas Besonderes sah und die Möglichkeit bekam, Männer zu interessieren und mit Mädchen zu konkurrieren. Andererseits aber führte es sie in den Konflikt mit ihrer nicht so attraktiven Mutter und mit dem Ethos, bescheiden und klug zurückhaltend zu sein. Als sie mit ihrer Klasse für einige Tage ins Ausland fuhr und dort auch von attraktiven Männern umworben wurde, wurde der innere Konflikt so stark, dass sie sich zurückzog. Sie begann, sich beim Essen zurückzuhalten und die besorgten Eltern brachten sie in die Beratungsstelle. Die auslösende Situation war die Auslandsfahrt mit den Gleichaltrigen, die Freizügigkeit, Abenteuer, Heimlichkeit als Versuchung bot, aber auch zum inneren Konflikt mit moralischen und ethischen Idealen führte. Die Schwelle befand sich zwischen dem lockenden Ausland und dem weit entfernten, Sicherheit und Norm gebenden Heimatland. Nach der Rückkehr ins Elternhaus zog sich Maren in die Küche zurück, um allein zu essen, sortierte die Nahrung (die Eltern sprachen davon, dass sie das Essen »sezierte«) und begann immer mehr abzunehmen. Die besorgten Eltern nahmen Kontakt mit der Beratungsstelle auf, nachdem sie mit ihrem Pfarrer gesprochen hatten. Erst in einer längeren Beratung, in der Maren sich ihrer Situation auf der Schwelle zum Erwachsenwerden bewusst wurde und den inneren Konflikt bewusst anschauen lernte, wurde sie gesund – unterstützt von der Familie, die ihr ein eigenes Leben zusprach.

3.4 Lebensübergänge als Stufen der Reifung des Menschen

Erik H. Erikson hat das Wachstum und seine Krisen in einer Reihe von Grundhaltungen dargestellt, die für die Betrachtung von Übergangssituationen in der menschlichen Entwicklung und insbesondere der dabei auftauchenden psychosozialen Krisen interessant sind. Sie sind häufig mit Schwellensituationen verbunden, in denen der Blick rückwärts den Verlust von wichtigen Errungenschaften des bisherigen Lebens deutlich macht (und zur Regression führen kann) und der Blick vorwärts mögliche neue noch zu erobernde Ziele einbringt (und zur Progression führen kann). In jedem der Stadien, die erreicht werden, gibt es Erfahrungen von Verlust und Neugewinn. Diese Ambivalenz macht die Schwierigkeit und den Reiz der Schwelle aus. Ziemer (2004, 251) hat die Entwicklungsschritte nach Erikson aufgenommen und ihnen entsprechende religiöse und profane Rituale zugeordnet (Tabelle).

Charakterisierung der Lebensalter

	Charakter der psychosozialen Krise	Angestrebter Persönlichkeitswert	Umwelt / Bezugsperson	Begleitende religiöse und profane Rituale
Säuglingsalter (1. Lebensjahr)	Grundvertrauen vs. Grundmisstrauen	Vertrauen / Hoffnung	Mutter (mütterliche Person)	Taufe / Begrüßungsrituale
Frühe Kindheit (2. Lebensjahr)	Autonomie vs. Scham und Zweifel	Wille	Eltern (elterliche Personen)	Erster Geburtstag / Feste im Jahreskreis
Spielalter (3.–6. Lebensjahr)	Initiative vs. Schuldgefühle	Zielstrebigkeit	Familie	Eintritt in den Kindergarten, Kinderkreis
Schulalter (ab 6. Lebensjahr)	Leistungsverhalten vs. Minderwertigkeitsgefühl	Leistungsbereitschaft	Nachbarn, Schule	Schulanfang, Erstkommunion
Adoleszenz	Identität vs. Identitätsdiffusion	Treue, Selbstgewissheit	Gruppe Gleichaltriger, »Idole«	Konfirmation/ Firmung, Jugendweihe, Schulabschlüsse
Frühes Erwachsenenalter	Intimität vs. Isolierung	Liebe	Partner, Freunde, Kollegen	Ausbildungsabschlüsse, Berufsanfänge, Hochzeit, Einrichtung der gemeinsamen Wohnung
Mittleres Erwachsenenalter	Generativität vs. Stagnation	Fürsorge	Eigene Familie, Kollegen, Freundeskreis	Familienfeiern, Abschiede, Beerdigung der Eltern
Reifes Erwachsenenalter	Ich-Integrität vs. Verzweiflung	Weisheit	Großfamilie, Freunde	Jubiläen, Eintritt ins Rentenalter

Vgl. Ziemer, 2004, 251. Von diesem verwendete Quellen: Erikson H.: Identität
und Lebenszyklus, Frankfurt/M. ⁴1977, 214f., ders.: Der vollständige Lebenszyklus, Frankfurt/M. 1988. 72f.: vgl. Specht-Tomann, Monika/Tropper, Doris: Zeit
des Abschieds, Düsseldorf 1998, 152.

Erikson zeigt auf, dass jede Lebensstufe des Menschen eine
spezifische Aufgabe für seine Reifung hat. Jede dieser Stufen
stellt aber auch eine Krise dar, die den Menschen herausfor-
dert. Ist die Krise bestanden, wird ein Persönlichkeits- bzw.
Identitätswert gewonnen, der für alle nachfolgenden Phasen
von Bedeutung bleibt. Die Krise wird ausgelöst durch die
Notwendigkeit eines Übergangs, der in der Regel mit einem Ritual begangen wird. So ist im Säuglingsalter das Ziel
der Entwicklung, ein Urvertrauen zu entwickeln und die
Ambitendenz zwischen Grundvertrauen und Grundmiss-
trauen zu bewältigen. Diese Aufgabe ist die von Kind und
Mutter. Das Ritual der Taufe führt den Glauben als Wert in
die Beziehung hinein. Das Vertrauen und die Hoffnung auf
eine höhere Macht symbolisieren den Schritt in eine eigene
Persönlichkeitsentwicklung. Diese wird in der frühen Kindheit durch einen weiteren Schritt weiterentwickelt. In der
grundlegenden Krise zwischen dem Gefühl von Autonomie
einerseits und Scham und Zweifel am Selbst andererseits wird
im Idealfall der eigene Wille als neuer Persönlichkeitswert
gewonnen. Das Kind ist aus der engen Beziehung zu seiner
primären Betreuungsperson herausgetreten und erlebt die
Eltern als alternative Bezugspersonen. Es kann Jahresfeste
als Rituale erkennen. Es erlebt sich als »Ich«. Im Spielalter
(3.–6. Lebensjahr) schreitet es weiter zur Entwicklung als
Persönlichkeit voran, indem es ein eigenes Gewissen ausbildet. Seine Initiative, die auch mit einer Selbstdarstellung
und -erfahrung (Darbietung des eigenen Körpers und seiner
Möglichkeiten, Interesse an Sexualität) verbunden ist, steht
in einer kritischen Beziehung zu den Schuldgefühlen, die es
im Gewahrwerden der elterlichen Normen und Gebote hat.
Ziel ist die Sicherheit und Zielstrebigkeit bei eigenen (Gewis-
sens-)Entscheidungen, die es in der Familie, aber auch in den

Ritualen des Kindergartens und Kinderkreises umsetzt. Im Schulalter tritt das Leistungsverhalten in den Konflikt mit der Neigung zu Minderwertigkeitsgefühlen, die im Vergleich zu den anderen Kindern auftreten können. Demgegenüber ringt das Kind um seine Leistungsbereitschaft und Anerkennung in der Schule, aber auch bei den Kindern in der Nachbarschaft. Die Adoleszenz ist für die Entwicklung der Persönlichkeit besonders wichtig. Hier ist die Identität als eigene, von der Abhängigkeit gegenüber den Eltern losgelöste Persönlichkeit angestrebt (vgl. Haar, Persönlichkeit entwickeln 2010). Der Jugendliche ist aber noch im Konflikt mit überfordernden Entwicklungen wie der Veränderung seiner körperlichen Proportionen, der geschlechtlichen Reifung seines Körpers, dem Umgang mit triebhaften Impulsen, dem veränderten Umgang mit dem anderen Geschlecht etc. Diese Einflüsse machen es ihm schwer, mit sich selbst einverstanden zu sein, sich richtig zu fühlen und in sich zu ruhen (Haar aaO., 14). Jeder Verlust an Identitätsgefühl setzt das Individuum aber wieder seinen alten Kindheitsgefühlen aus (Erikson 1981, 113). Die Gefahr der Identitätsdiffusion droht also. Ziel dieser kritischen inneren Auseinandersetzung mit sich selbst ist Selbstgewissheit und Treue zu sich selbst und zu anderen. Dazu verhilft das Eintauchen in eine Clique und die Errichtung von vereinfachenden Idealen und Stereotypen (Erikson, aaO., 111). Hilfreich sind aber auch die Rituale in der Konfirmation bzw. Firmung oder Jugendweihe und erfolgreiche Schulabschlüsse. Im frühen Erwachsenenalter ist die Persönlichkeitsentwicklung im engeren Sinne zu einem gewissen Abschluss gekommen. Ein neuer Lebensabschnitt beginnt mit der Zeit nach Schule und Ausbildung und das Interesse an Partnerschaft und Intimität trifft in der Krise dieser Zeit auf die Gefahr von Isolation und Einsamkeit. Ziel ist die Liebe – nicht nur als sexuelle Wechselwirkung bei voller genitaler Empfindung und völliger Entspannung des ganzen Körpers, sondern auch als Zusammenhalten und Freundschaft bei vorhandener Fähigkeit zu Differenzierung und Distanzierung vom Anderen (Erikson, aaO., 115f.). In diese Entwicklungsphase fallen

Berufsabschlüsse, dauerhafte Partnerschaften, die im Ritual Hochzeit bekräftigt werden und die festliche Einrichtung einer gemeinsamen Wohnung. Sexuelle Erfüllung und genitale Vereinigung führt häufig zum Wunsch nach einem gemeinsamen Kind, also nach Erzeugung und Erziehung der nächsten Generation. Die Generativität, die unter Umständen auch auf eine andere schöpferische Leistung umgewandelt wird, kann aber in der Krise in eine Stagnation geraten, wenn der Wunsch nach Weiterentwicklung in ein quälendes Bedürfnis nach Pseudointimität zurückgeht und Menschen beginnen, nur sich selbst zu verwöhnen, als seien sie ihr eigenes, einziges Kind (Erikson, aaO., 118). Die Familiengründung führt zu entsprechenden Kontakten zu Menschen in einer ähnlichen Lebenssituation. Als Rituale kann man die Familienfeiern, aber auch schon die Beerdigung der eigenen Eltern ansehen. Im reifen Erwachsenenalter sieht Erikson die Möglichkeit zur Ich-Integrität gegenüber der Gefahr von Verzweiflung. Die Integrität ist die Frucht der vorangegangen Arbeit an der Persönlichkeit[1]. Sie ermöglicht es dem reifen Menschen, seinen einen und einzigen Lebenszyklus anzunehmen und mit ihm auch die Menschen, die in ihm notwendig da sein mussten und durch keine anderen ersetzt werden könnten. Dies ermöglicht eine andere Liebe zu den eigenen Eltern ohne den Wunsch, sie möchten anders gewesen sein als sie waren. Es entwickelt sich ein Gefühl von Kameradschaft zu den Menschen der Generationen vorher, die Ordnungen, Dinge und Lehren schufen und damit einhergehend die Überzeugung, dass das eigene Leben als Segment der Geschichte sinnvoll ist. Wenn solche Integration allerdings mangelhaft ist, können Verzweiflung und Todesfurcht auftauchen. Der quälende Gedanke, die Zeit sei zu kurz, um noch ein neues Leben zu beginnen, kann beherrschend werden. Die Verzweiflung

---

1 Meinolf Peters hat auf Joan Eriksons Korrektur der undynamischen Fixierung der Integrität als Ziel des Lebens hingewiesen: »Joan Erikson verlebendigt den Begriff Integrität und führt ihn auf seine Wortwurzel zurück als ›Kon-takt, intakt, taktil, spürbar, berührbar‹. Damit aber wird Integrität etwas fassbares, etwas leibliches, das Kontakt zur Welt schafft« (M. Peters 2011, Kap. 4.3).

versteckt sich häufig hinter Äußerungen, die Ekel, Lebens-
überdruss oder Verächtlichmachung von Institutionen und
Leuten vorschieben, letztlich aber vor allem die Selbstverach-
tung des eigenen individuellen Seins ausdrücken (Erikson,
aaO., 118f.). Bei ritueller Begehung des Ruhestandseintritts
oder bei Jubiläen wird die psychosoziale Krise von Integrität
versus Verzweiflung und Ekel spürbar. Die entsprechenden
feierlichen Rituale zur Statusveränderung können das nicht
immer verhindern. Sie bieten immerhin ein Geleit von einem
Zustand in den anderen und der Betroffene kann darin Halt
finden, dass sich viele Menschen, Kollegen, Verwandte und
Freunde einfinden, um ihn aus dem Beruf zu verabschieden,
mit ihm die entstehende Schwellensituation auszuhalten und
ihm neue Formen von Beziehung anzubieten.

Die geschilderten sieben Stadien der Persönlichkeitsentwicklung und die entsprechenden psychosozialen Krisen geben wichtige Hinweise auf den Beratungsbedarf im Umkreis
der Lebensübergänge und der Rituale, die sie begleiten. Mit
Recht weist Ziemer (250) darauf hin, dass die individuelle
Biografie nicht immer modellhafte Persönlichkeitsentwick-
lungen aufweist. Gegenüber normativen Darstellungen ist
die Differenz-Erfahrung als das entscheidend Persönliche im
Plus und Minus des Lebens hervorzuheben. Dazu gehört auch
die Wahrnehmung der Gebrochenheit und Fragilität unserer
personalen Identität (Henning Luther, Identität als Fragment
zit. nach Ziemer, 250).

Die Kritik an der lebensphasischen Einengung der Identitätsbildung auf die Adoleszenz ging ansonsten eher von der
soziologischen Jugendforschung aus. Auch hier wird kritisch
angemerkt, dass viele Menschen meinen, Identität sei ein halt-
barer Besitz, den man »hat«, wenn, indem und weil man erwachsen wird. Aber Identitätsarbeit ist eher ein lebenslanger
und unabschließbarer Prozess geworden und dies ist für Erwachsene eine schmerzliche Einsicht, ein Verlust- und Verun-
sicherungserlebnis. Demgegenüber wird Identitätsforschung
immer mehr zur Identitätskonstruktionsforschung, zum Nachdenken über den Prozess der Identitätsbildung (Keupp, 83).

Hier wird Identität zu einem Geschehen, dessen Evaluation ständig neu stattfinden muss. Identitätsbildung geschieht nicht kontinuierlich und störungsfrei auf ein bestimmtes Ergebnis hin. Sie wird erschwert durch den Verlust von traditionellen Sicherheiten im Hinblick auf Handlungswissen, Glauben und leitende Normen (Beck, 206, vgl. Keupp, 37). Diese Entzauberung der Welt hat auch mit der zunehmenden Entritualisierung des gesellschaftlichen Lebens zu tun. Wer sich auf kollektive Deutungsmuster und ihre Präsentation im Ritual nicht mehr verlassen kann, ist darauf angewiesen, seine Identität selbst zu konstruieren. Das mag auch eine neue Errungenschaft der Selbstorganisation und Individualisierung sein, aber es sorgt gleichermaßen für Verunsicherung und Stress.

Im Gegenüber dazu sind Rituale Versuche, die Überforderung durch schnelle gesellschaftliche Entwicklungen aufzufangen und dem Leben sinnhafte Bedeutung zu geben, indem sie Stationen der Identitätsentwicklung symbolisieren. Diese Entwicklung ist nicht einfach dem Wiederholungszwang geschuldet, sie ist auch nicht nur ein Festhalten an traditionalen Mustern, das sich dem Individualitätsschub der Moderne entgegenstemmt. Rituale schaffen Räume, in denen neue Erfahrungen und Anforderungen verarbeitet werden können und eine Vergewisserung der Identität – mit ihrer Brüchigkeit – ermöglicht wird. Gerade Rituale, die an die Entwicklungslinien des Menschen angelehnt sind, können Individuen bei der »Konstruktion ihrer Biografie in einer funktional differenzierten Welt« unterstützen (Isolde Karle, 212[2]). Religi-

---

2   Isolde Karles kritische Auseinandersetzung mit der Seelsorgelehre Joachim
    Scharfenbergs stellt eine Gegenüberstellung von psychoanalytischer und
    soziologischer Sicht der Identitätsfrage dar und knüpft an Henning Luthers
    Forderung an, Lebensgeschichten als »Bearbeitung von Differenzen« und
    nicht als »Reproduktion von Identität« zu sehen. Demgegenüber sehe ich die
    Bedeutsamkeit frühkindlicher Erfahrungen für die Entwicklung von Identität
    und eine Anpassung an gesellschaftliche Struktur und Semantik als gleicher-
    maßen wichtig. Die moderne psychoanalytische Theorie und die neurobio-
    logische Forschung zeigen ja auch die Wirkung eines Unbewussten *und* das
    lebenslange Lernen (des Gehirns) auf.

öse Rituale können bei dieser Erstellung einer sinngebenden Perspektive »die individuelle Lebensgeschichte symbolisch sinnhaft zu einem Ganzen ... integrieren« (Karle, aaO., 213f.).

Es ist das Verdienst von Erikson, dass er nicht nur auf die psychosozialen Krisen bei der Entwicklung von Identitätsgefühlen hingewiesen hat, sondern auch auf die Bedeutung der Ritualisierung in den verschiedenen Stufen der Persönlichkeitsentwicklung. Er entwickelt eine Ontogenese der Ritualisierung und sieht sie als Ergebnis eines epigenetischen Aufbaus in Kindheit und Jugend, der durch wiederholte Botschaft die Bindung zwischen Mutter und Kind knüpft, ausbildet und erhält (Erikson 1968, 482).

Säuglingszeit	Gegenseitigkeit des Erkennens					
Frühkindheit		Unterscheidung von gut und böse				
Spielalter			Dramatischer Ausbau			
Schulalter				Vorschriftsmäßige Leistung		
Adoleszenz					Solidarität der Überzeugung	
Elemente des reifen Rituals	Numinoses Element	Rechtsetzendes Element	Dramatisches Element	Formales Element	Ideologisches Element	Generationale Weihe

Quelle: Erikson, Die Ontogenese der Ritualisierung, Psyche 22, 1968, 501

Erikson betont, dass es sich bei der Ritualisierung nicht um einen pathologischen Vorgang handelt. Das menschliche Verhalten lebt von Wiederholung und Imitation. Es geht

dabei über das bloß formelhafte, routinemäßige oder kon-
ventionelle Benehmen hinaus. Er zitiert Heinz Hartmann,
der schon 1939 sagte: »Wir dürfen nicht jede Wiederholung
ohne Unterschied als Ausdruck des Wiederholungszwangs
ansehen.« (Heinz Hartmann, »Ich-Psychologie und Anpas-
sungsproblem«, Psyche XIV <1960/61, 81–164>, 155, zit. nach
Erikson 1968, 482).

Erikson betrachtet also die Ritualisierung ursprünglich als
eine Form des normalen alltäglichen Verhaltens. Er schildert,
wie der erwachende Säugling eine Botschaft an die Mutter
aussendet und in ihr ein ganzes Repertoire an gefühlsgesteu-
ertem Verhalten in Worten und Handlungen auslöst. Alle
ihre Handlungen der Pflege, der Stillung von Bedürfnissen
und des Kontaktes geschehen hochgradig formelhaft und
scheinen darauf angelegt zu sein, eine Handlungsfolge zu
wiederholen, die im Kind vorhersehbare Reaktionen erweckt.
Dieses Wechselspiel wird von der Nennung des Namens begleitet und es wirkt so, als gehe es um ein ständig wiederholtes
beiderseitiges Sich-Erkennen. Er meint, dass es sich um die
ontogenetische Wurzel von Ritualisierungen handelt, die sich
bis in das echte Ritual hinein entwickeln. »So wird die erste,
noch dämmernde bejahende Bestätigung ein Grundelement
allen Rituals; ich möchte es das *numinose* Element, das Gefühl
gegenwärtigen Heils nennen.« (484). Seine Absicht ist es, die
frühesten Ritualisierungen bis hinauf in die letzten Rituale
zu verfolgen, ja bis zu den *religiösen Gebräuchen* (ebenda).
Gegenüber einer Kette von Entfremdungsgefühlen, zu denen
vor allen ein Gefühl der Trennung durch Verlassenwerden
gehört (und bei der Mutter das entsprechende Gefühl, nicht
mehr gebraucht zu werden) wird durch periodische Bestäti-
gungen Hoffnung aus früher Vertrautheit und Gemeinsamkeit geweckt. In der Folge wird diese Hoffnung durch Ritualisierungen und Rituale aufgefüllt, die gegen das Gefühl des
Verlassenseins und der Hoffnungslosigkeit eingesetzt werden,
und stattdessen das ganze Leben hindurch ein gegenseitiges
Erkennen von Angesicht zu Angesicht versprechen – bis wir
»erkennen, wie auch wir erkannt werden.« (486). Diese Ge-

genseitigkeit des Erkennens ist das erste Element des reifen Rituals, das *numinose Element.*

Die Frühkindheit ist durch wachsende psychosoziale Autonomie und rasche Fortschritte in der allgemeinen Entwicklung (Fähigkeit zur Fortbewegung, erste Sprachansätze) geprägt und führt das Kind an die Grenzen des Erlaubten. Die Unterscheidungsfähigkeit verfeinert sich dahin gehend, dass sie bei der Wahrnehmung des Verhaltens zwischen »richtig« und »nicht richtig« differenziert. Im Aufrechtstehen erfährt das Kind aber auch Gefühle von Entfremdung und Scham (Erröten, wuterfüllte Isolierung, Angst ausgestoßen zu werden). In der Ritualisierung von Billigung und Missbilligung in sich wiederholenden Situationen von symbolischer Bedeutung scheint der Erwachsene als Vertreter einer überindividuellen Rechtlichkeit zu sprechen und die Tat zu verurteilen, wenn auch nicht unbedingt den Täter (490). Dieses richterliche Element der Ritualisierung unterscheidet sich von dem früheren, dem numinosen, in erster Linie durch Betonung des *freien Willens*[3] des Kindes. Durch die Warnung der Eltern vor dem, was das Kind werden könnte, wenn es nicht aufpasst, werden die Wurzeln für eine »negative Identität« gelegt, der man nicht ähneln darf (Nachbarn, Feinde, Hexen, Geister). Die moralische Selbstbeobachtung wird durch eine Indoktrination von Hass gegen schlechte andere geschärft, auf die das Kleinkind projizieren kann, was es an sich selbst negieren muss, um zur Spezies Mensch dazu gehören zu können (491f.). Sowohl die ritualisierte Feststellung der Grenzen von gut und böse in der Kindheit als auch das Ritual der Rechtsprechung in der Erwachsenenwelt erfüllt die Kriterien des Prozesses der Ritualisierung:

---

3   Ob der Mensch und schon gar das Kind über einen freien Willen verfügt, darüber streiten die Theologen seit dem Mittelalter. Die Diskussion über den »servum arbitrium«, den geknechteten, den unfreien Willen ist jüngst wieder in einer Anthropologie aufgenommen worden. Vor allem an den Lebensübergängen stellen sich psychosoziale Konflikte, die zeigen, dass »das Wollen […] nicht über jedes Streben erhaben« ist (G. Sauter, 2011, 167).

- sinnhaltige Regelmäßigkeit,
- zeremonielle Beachtung der Details und des Gesamtver-
  fahrens,
- ein Gefühl symbolhafter Gegenwartsbedeutung über die
  Wirklichkeit jedes Beteiligten und der Tat selbst hinaus,
- gemeinsames Handeln aller Beteiligten und
- ein Gefühl absoluter Unumgänglichkeit, so dass das Bedürfnis nach dieser Art von Ritualisierung fast »instinktiv«
  zu sein scheint.

Die Unterscheidung von »gut« und »böse«, schon seit dem
Schöpfungsbericht der Genesis Ursprung der Autonomie des
Menschen, ist das zweite Element des reifen Rituals, das recht-
sprechende, richterliche oder *rechtsetzende Element* (491).

Im Spiel- und Schulalter nimmt das Kind die Gelegenheit
wahr, mit symbolhaften Bildern und Gegenständen für sich
zu spielen und kreative Prozesse darzustellen, um sich dann
auch gemeinsam mit Altersgenossen zu Spielen zusammen-
zutun, die zusammenhängende Handlungen, dramatische
Wendungen und Höhepunkte bereit halten (aaO, 494). In den
Themen dieses Spiels geht es um die Aneignung von Erwach-
senenrollen, die wiederum eine Entfremdung des Kindes zeigen, indem sie die Auseinandersetzung mit Schuldgefühlen
und hier vor allem mit Selbstverurteilungen des erwachenden
persönlichen Gewissens begünstigen. Zu einer Ritualisierung
wird das Spiel erst durch die Gemeinschaft und das Ziel des
Lernens. Erikson nennt dieses Ritual das dramatische und
weist auf das Theater als das Spiel der Erwachsenen hin. Der
dramatische Ausbau des kindlichen Spiels fügt den bisher
erwähnten Elementen des reifen Rituals das *dramatische Element* als drittes hinzu (494).

Im Schulalter selbst ist die Vollkommenheit der Leistung
das Ziel des Kindes. Spielen verwandelt sich in Arbeit. Die
Ritualisierung umfasst die ganze Schule als eine Institution,
die feste Gemeinschaftsformen und klar strukturierte Aufgaben hat. Hier ist die Quelle des formalen Aspekts des Rituals: wahrgenommene und zugleich miterlebte Ordnung. Die

vorschriftsmäßige Leistung ist das vierte Element des reifen Rituals, das *formale Element* (496).

In besonderer Weise ist die Adoleszenz ein Ort der Ritualisierung. Einerseits setzt sie die Reihe der improvisierten Ritualisierungen fort und andererseits wird sie zum Schauplatz des geplanten Rituals. Jugendliche ritualisieren ihre Beziehungen untereinander spontan und grenzen auch durch geheime Zeichen, eigene Sprachrituale und Spiele (z. B. im Web) ihre Generation von den Erwachsenen, aber auch von den Kindern ab. Die Heranwachsenden werden aber auch von außen in formalen Riten wie Konfirmation oder Initiation zu einer neuen Rolle in der Gesellschaft verpflichtet. Den bisher wahrgenommenen Elementen des reifen Ritus wird dabei das Element des Ideologischen hinzugefügt. Die Solidarität der Überzeugung ist das fünfte Element des reifen Rituals, das *ideologische Element* (498).

Der Erwachse hat alle Elemente der ontogenetischen Entwicklung des Rituals hinter sich, die im vollständigen Ritual vorkommen: das numinose, das richterliche, das dramatische, das formale und das ideologische Element. Dieses in den Stadien der Entwicklung aufgenommene Lernen von Ritualisierung und die Teilnahme an Ritualen verleihen dem Erwachsenen die Autorität selbst Ritualgeber zu werden. Er wird damit zum Instrument der alltäglichen Ritualisierung im Leben der nächsten Generation und gleichzeitig zum Vollstrecker jener formelhaften Rituale, die seine eigenen Kindheitsritualisierungen enthalten. Das erwachsene Ich nimmt bei der Aufnahme kindlicher Ritualisierungen den »Umweg durch das Archaische«, indem es als Ritualsetzer zugleich als Vorbild des Numinosen, des Richters, des Überlieferers traditioneller Ideale oder Erneuerungsideen wirkt. Dieses letzte Element in der ontogenetischen Reihe nennt Erikson das *generationale Element*, weil es elterliche, lehrende, erzeugende, erschaffende und heilende Akte umfasst (499).

Zusammenfassend kann man zu diesem Konzept sagen, dass es die Rites de passage auf eine epigenetische Entwicklung zurückführt, ohne sie damit in ihren Formen fixieren zu wollen. Erikson spricht selbst an, dass jede Zeit neue Formen der Ritualisierung entwickeln wird, um dem betreffenden Lebensgebiet eine Art Aura von Weihe, Rechtmäßigkeit und Notwendigkeit zu verleihen (500). Die Rückführung der Rituale auf psychogenetische Erfahrungen und Krisen ermöglicht eine psychologische Erklärung von Anteilen des Rituals und erleichtert die Einfühlung in die Erfahrungen von Menschen an den Schwellen der Lebensübergänge. Sie kann damit auch beratende und seelsorgerliche Gespräche inspirieren. Seelsorge oder Beratung gehören zu den sinnvollen Begleitern von Menschen, die aus einer Epoche ihres Lebens in eine andere schreiten und dazu auch Ritualisierungen und Rituale nutzen, die ihnen Vertrauen und Sicherheit verleihen können. Menschen in Krisen wissen um die Kraft solcher Ritualisierungen. Selbst Routinen können dazu gehören. So berichten traumatisierte Menschen, dass Routine ihnen wieder aus dem Strudel von schrecklichen Erinnerungen herausgeholfen hat. Menschen, die einen Ehepartner verloren haben, und sich neu binden wollen, berichten, wie ihnen Gespräche, aber auch Rituale geholfen haben, einen Neuanfang zu machen.

Menschen, die desorientiert sind, weil sie wichtige Neuerfahrungen nicht einordnen können, brauchen zunächst Begleitung und Erklärung und dann das Ritual als Festigung, die die Erfahrung zum Teil einer neuen Persönlichkeitsstruktur werden lässt.

4. Lebensübergänge und Passageriten

Schwellensituationen und entsprechende Rituale, die den Übergang von einer Lebenssituation in eine andere begleiten, gehören zum Leben des Menschen, von Geburt an. Die Geburt selbst ist ja eine solche Schwellensituation von einem Zustand in den anderen und wird vermutlich als ein umwälzender Übergang erlebt. Das Kind wird vom Zustand der geschützten Einbettung in der Eihülle, umgeben von der Gebärmutter, ausgerüstet mit immer fließender Versorgung, gepolstert und geschützt vor Geräuschen, Außentemperaturen und anderen sinnlichen Reizen, in die Welt außerhalb seiner embryonalen Höhle befördert. In dieser Welt wird es sofort mit Kälte, Helligkeit, lauten Stimmen und Geräuschen und mit Hunger und Durst und dem Gefühl von Abhängigkeit und Verlassenheit konfrontiert. Schon Sigmund Freud hat diesen Prozess als Geburtstrauma beschrieben: »[…]es ist der Geburtsakt, bei welchem jene Gruppierung von Unlustempfindungen, Abfuhrregungen und Körpersensationen zustande kommt, die das Vorbild für die Wirkung einer Lebensgefahr geworden ist und seither als Angstzustand von uns wiederholt wird. Die enorme Reizsteigerung durch die Unterbrechung der Bluterneuerung (der inneren Atmung) war damals die Ursache des Angsterlebnisses, die erste Angst also eine toxische. Der Name Angst – angustiae, Enge – betont den Charakter der Beengung im Atmen, die damals als Folge der realen Situation vorhanden war und heute im Affekt fast regelmäßig wiederhergestellt wird. Wir werden es auch als beziehungsreich erkennen, daß jener erste Angstzustand aus der Trennung von der Mutter hervorging.« (Freud 1916–17,

GW 11, 411.) »Die Geburt [...], unser Vorbild für den Angstzustand, kann doch kaum an sich als eine Schädigung betrachtet
werden, wenngleich die Gefahr von Schädigungen dabei sein
mag. Das Wesentliche an der Geburt wie an jeder Gefahrsi-
tuation ist, daß sie im seelischen Erleben einen Zustand von
hochgespannter Erregung hervorruft, der als Unlust verspürt
wird und dessen man durch Entladung nicht Herr werden
kann. Heißen wir einen solchen Zustand [...] einen *traumatischen Moment* [...]« (Freud Angst und Triebleben 1933, GW
15, 99f.).

Die Geburt ist damit der erste Übergang in eine neue Lebenssituation, der zu ambivalenten Empfindungen, nämlich
der Sehnsucht nach dem Verlorenen und der Neugier auf
das Neue führt. Und prototypisch ist auch die begleitende
Angst, die zu inneren Konflikten gegenüber dem nächsten
Entwicklungsschritt führen kann. Zum Übergang gehören
der traurige Blick zurück, die Umwandlung von Schock im
traumatischen Moment zu Aufmerksamkeit für die neue Umgebung und die Bereitschaft, sich mit Neugier in den neuen
Lebensraum einzugewöhnen und ihn zu erobern. Diese drei
Schritte des Übergangs wiederholen sich im Laufe des Lebens
und werden von den Ritualen aufgenommen und zelebriert.

4.1 Von der symbiotischen Einheit zur Einführung in die Welt (Taufe)

In der Regel erlebt das Kind und mit ihm die Mutter schon
im ersten Lebensjahr erschütternde Erlebnisse im Wechsel
von Geborgenheit und Sicherheit einerseits und Unwohlsein
und Verlassenheit andererseits. Kälte, Nässe, unruhige Stim-
mungen in der Umgebung führen beim Kind zu Gefühlszu-
ständen, die man als katastrophale Bedrohung erahnen kann.
Das Kind schreit laut, wird u. U. blau, strampelt heftig etc.
Durch eine einfühlsame Behandlung kommt es häufig schnell
zu einer Beruhigung, das Kind wirkt selig und ausgeglichen.

Dieses alltägliche Erleben zeigt die Verletzlichkeit des Säuglings am Übergang von der vollkommenen Abhängigkeit zum Erleben von Selbst und Getrenntheit auf. D. W. Winnicott hat dieses Erleben dem »intermediären Raum« zugeordnet:

Exkurs: Übergangsphänomene und der Möglichkeitsraum nach D. W. Winnicott

Für das Verständnis von Übergangsriten und den Beratungsbedarf in ihrem Umfeld sind die vom Kind selbst im Zusammenwirken mit seinen Eltern reifenden Möglichkeiten der Selbstorganisation wichtig. Denn einerseits übt sich das Kind früh in eine »abschiedliche Existenz« ein, andererseits aber sind die von ihm geübten Rituale dazu da, die Beziehung zu hüten und aufzubewahren, wie etwa das begeisterte Winken beim Abschied zeigt. Auch die Entdeckung von Gegenständen, Melodien oder Phantasien bei den täglich notwendigen Trennungen gehören dazu. D. W. Winnicott hat die Konzepte Übergangsphänomene und Übergangsobjekte in seinem Buch »Vom Spiel zur Kreativität« (1971) ausführlich dargestellt. Das Kind schafft sich z. B. im Spiel einen Raum (Möglichkeitsraum oder potential space), in dem es Ruhe und Träumerei pflegen kann. Dieser intermediäre Bereich zwischen dem Subjektiven und dem objektiv Wahrnehmbaren erlaubt es, Illusionen und subjektive Vorstellungen zu genießen, zu denen auch Kunst, Religion und Philosophie gehören. Die Fähigkeit dazu erwirbt es in einer genügend guten Beziehung zur Mutter, die ihm die Bildung eines guten inneren Objekts ermöglicht. Auf diese innere Beziehung kann es später in den Übergängen des Lebens zurückgreifen. Aus ihr entwickeln sich auch die Ritualisierungen, die mit der Fähigkeit zum Glauben zu tun haben. Sie entsprechen ja einer ganz elementaren Beziehungsstrukturierung im Wechselspiel mit der Mutter in Form von Gestik, Mimik, Lautgebung und körperlichem Kontaktverhalten. Der traditionelle Modus der Beziehungsgestaltung wird hier rituell eingeübt und in die Gesellschaft mit ihren überkommenen Ritualen eingepasst (Winkler, 317, der hier Erikson 1968, 481ff. zitiert). Und der Glaube »wird durch das ritualisierte Angebot von der Daueraufgabe entlastet, sich in jeder persönlichen Lebensschwierigkeit neu definieren zu müssen« (Jetter, 94, zit. nach Winkler ebd.). Rituale können deshalb eine Funktion in der Ich-Entwicklung übernehmen, indem sie »symbolischer Ausdruck für das Gewahrwerden der Grenzen der Verfügungsmacht des Ich« werden (Heimbrock, 53, zit. nach Winkler, 318).

Die Aufgabe, die Stimmung des Kindes in einer gewissen Balance zu halten, eine genügend gute Mutter zu sein und das Kind vor Schaden zu schützen, wird häufig als Überforderung erlebt und führt dazu, dass Eltern eine Beratung oder ein seelsorgerliches Gespräch aufsuchen. Zwar ist die Gefahr, das Kind in der frühen Zeit durch Tod zu verlieren, durch moderne Hygiene und Gesundheitsfürsorge minimiert worden, aber das Bewusstsein für die Verletzlichkeit des jungen Lebens ist bei den Eltern immer vorhanden. Die Taufe ist ein Ritual, mit dem das Erleben von Ohnmacht und Auslieferung bei Kind und Eltern beantwortet wurde und wird. In der Taufe wird auch heute noch die letztliche Verantwortung für das Kind und die Macht, über sein Wohlergehen zu wachen, an Gott abgegeben. Mit dem Zeichen des Kreuzes auf Stirn und auf Brust wird es an die Seite Jesu Christi gestellt, was auch bedeutet, dass es im Falle des Sterbens ihm gleich gestellt wird. Die Taufe ist ein Ritual an der Schwelle zum Eigenleben des Kindes.

Exkurs: Taufe als Initiationsritus

Das Tauchbad gehörte zu den zentralen Riten antiker Mysterienkultur. In Legenden wird die archaische Bedeutung der Einweihung symbolisch ausgedrückt. Der Täufling steigt hinab in eine Höhle oder einen Bauch, den Schoß der Neugeburt, er verlangt danach Weisheit zu lernen (ein Licht in der Finsternis zu sehen) und einen Schatz zu gewinnen (Perle u. a.). Er muss ein Wasser überwinden, dass die Grenze zwischen Leben und Tod bzw. zwischen der vorherigen Seinsart und der künftigen trennt (der Fährmann hilft die Lethe zu überqueren, Israel durchzieht das Schilfmeer etc.) (vgl. Fischediek, 2004, 51f.). Vorchristliche und universale Wertungen des Wassersymbolismus wurden durch die Kirchenväter mit neuen auf die historische Existenz Christi bezogenen Bedeutungen versehen (Eliade, 1998, 116). Die christliche Bedeutung eines solchen Übergangs wird von Paulus als ein Sterben mit Christus beschrieben: *mit ihm sind wir begraben durch die Taufe in den Tod, damit, wie Christus auferweckt ist von den Toten durch die Herrlichkeit des Vaters, auch wir in einem neuen Leben wandeln* (Röm. 6,4). Dieser »Initiationstod« ist der eigentliche Kern der Taufe. »Durch seinen rituellen Tod hat der Eingeweihte teil an der übernatürlichen Beschaffenheit des Gründers des Mysteriums« (so Eliade über das »Mysterium der Wiedergeburt« 1961, 222; zit. nach Josuttis, 147). Wie in den alten Mysterienkulten ist Gott selber der, der Leid und Tod erlebt, Werden und Vergehen, der aber auch wieder erstehen kann. Die symbolische Handlung soll neben Buße und Reinigung (die Gesundheit und Heil bewirkt) auch die Übertragung eines dem Tod verfallenen Menschen in das Eigentum des lebendigen Gottes darstellen (Röm. 8, 38.39) und mit der Teilhabe am Leiden und an der Herrlichkeit Christi auch die Eingliederung in seinen geistlichen Leib, die Kirche (ebenda). In dieser Aussage sind die drei Übergangsriten (rites de passage) enthalten: Loslösung (Trennungsritus), Einweihung (Schwellen- bzw. Umwandlungsritus) und Wiedereingliederung (Angliederungsritus) (vgl. Gennep, 21).

Die Taufe vereint alle Merkmale von Ritualen: Wiederholung eines bestimmten Handelns in bestimmten Situationen, Stilisierung, Stereotypie, Körperlichkeit, Medialität der Performanz bis zum sprachlich-performativen Vollzug des damit verbundenen kollektiven transzendenten Sinns, durch den

kulturelle Identität in historischer Kontinuität mit gruppen-
bindendem Charakter und Stabilisierung der Person erreicht
wird (Norbert Groeben, 2004).

Heute ist die Taufe scheinbar ein Ritual, das von Sinnentlee-
rung bedroht ist und nur als formaler Akt begehrt wird. Die
Taufe wird als eine Art prophylaktische Beziehungsaufnahme
angemeldet: man braucht den Pfarrer oder die Pfarrerin vielleicht noch einmal in den nächsten Lebensübergängen wie
Konfirmation und Trauung. Diese recht kritische Einschätzung der Tauffamilien und ihrer Nähe zum Ritual erscheint
aber dem praktisch tätigen Theologen nicht als trennscharf.
Es gibt häufig Familien, die in Bezug auf den Hintergrund der
Taufe indifferent oder sogar gespalten erscheinen, aber für
ein Nachdenken über den Ritus gewonnen werden können,
wenn es im vorbereitenden Seelsorgegespräch um das Wohl
des Kindes geht.

*Bei einem Besuch in dem kleinen Reihenhaus einer Bergarbei-
tersiedlung trifft der Pfarrer zum Taufgespräch eine große Familie mit Freunden und mit den Paten des Kindes an. Er wird
von der Mutter des Kindes hereingelassen und bemerkt, dass
keiner der Anwesenden von ihm Kenntnis nimmt. Der Fernseher läuft, es werden Gespräche über andere Themen geführt,
der Pfarrer wird wie ein Teilnehmer einer (theoretisch auch
ohne ihn laufenden) Veranstaltung eingeführt, müsste sich nun
erst Respekt und Gehör verschaffen. Von Kollegen war zu hören,
dass diese die Gruppenleitung in die Hand genommen haben,
darum gebeten haben, den Fernseher auszuschalten und das
Thema Taufe eingeleitet haben. Der Pfarrer bemerkt aber einen
latenten Widerstand gegen den Vorrang des kirchlichen Vertre-
ters und auch gegen die Taufe als eines im Leben der Familie
wichtigen Vorhabens. So beschließt er, sich zunächst auf dem
ihm zugewiesenen Platz als Teil der Gruppe zu integrieren. Er
nimmt Kontakt zur Mutter und zu einer Patin sowie zum Kind
auf, lobt die Lebhaftigkeit und die hübsche Ausstattung des Babys und fragt nach der Geburt, dem Gewicht und der Länge*

des Neugeborenen, aber auch nach den Erfahrungen der Mutter mit dem Krankenhausaufenthalt. Als diese von ihren unglücklichen Erlebnissen in der Klinik berichtet und von ihren Tränen nach der Geburt, werden die anderen im Raum befindlichen Stimmen leiser. Der Pfarrer wendet sich nun mit seinem Blick und mit etwas lauterer Stimme auch den anderen zu und sagt, dass die Geburt für die Eltern immer ein bewegendes Ereignis ist, weil sie so deutlich wie nie zuvor spüren, dass ihr Glück wie an einem seidenen Faden hängt, dass sie sich manchmal der Situation und dem Pflegepersonal ausgeliefert fühlen und dass sie doch alles tun möchten, damit dieses Kind zufrieden und glücklich in die Welt hineinkommt. Er spürt, dass die vorher abständigen Familienmitglieder und vor allem der Vater nun sehr aufmerksam sind und spricht weiter von der Taufe als einer Möglichkeit, dieses Gefühl von Ohnmacht und Hilflosigkeit gegenüber dem kleinen Wesen und seinem Schicksal, aber auch die Hoffnung auf Halt und auf Vertrauen, dass alles gut werden wird, auszudrücken. Dazu gehört, dass es Menschen bei diesem Kind gibt, die darauf vertrauen, dass sie das kleine Wesen auch einer höheren Macht anvertrauen können. Er zitiert nun auch aus der Agende das Gebet, das er bei der Taufe sprechen will: »Vater wir danken dir für das Kind, das uns anvertraut ist. Dir bringen wir unsere Freude, dir bringen wir auch unsere Sorgen. Wir erkennen die Aufgabe, die vor uns liegt; wir fragen: Wie werden wir sie erfüllen? Aber du hast für das Kind gesorgt. In deiner Hand liegt sein Leben. Was auch geschieht, bei dir ist es gut aufgehoben. Das glauben wir auf das Wort deines Sohnes Jesus. Ihm übergeben wir das Kind durch die Taufe« (Agende III der Evangelischen Kirche von Kurhessen-Waldeck, Kassel 1975). Dann fragt er, ob er noch einige praktische Fragen mit allen besprechen kann. Er bekommt Zustimmung. Der Vater stellt den Fernseher aus. Der Fortgang der Taufzeremonie im Anschluss an die Ansprache und das zitierte Gebet wird vorgestellt: die Frage an die Eltern und Paten »Ihr wollt, dass euer Kind getauft wird. Damit übernehmt ihr die Aufgabe, euer Kind im christlichen Glauben zu erziehen und ihm durch Wort und Beispiel zu helfen, Gott und die Menschen zu lieben. So frage ich euch,

Eltern und Paten: Seid ihr dazu bereit?«. Der Pfarrer fragt El-
tern und Paten, ob sie da zustimmen können. Mutter und Patin
nicken, der Vater zögert. Als der Pfarrer ihn ansieht, sagt er,
dass er eigentlich mit der Kirche nichts am Hut hat und dass er
die Erziehung den Frauen überlassen möchte. Der Pfarrer sagt:
»Sie können also jetzt nicht mit Überzeugung zustimmen, dass
sie ihr Kind christlich erziehen, aber sie würden ihrer Frau und
der Patin zutrauen, dass sie das Kind nach ihren Kräften zu ei-
nem liebevollen Wesen erziehen, im Sinne von Jesus Christus«?
Er sagt »Ja«. Der Pfarrer erklärt, dass nach einem Glaubensbe-
kenntnis der ganzen Gemeinde eigentlich immer dem Vater die
Taufkerze überreicht wird, er sie an der Osterkerze entzündet
und so klar macht, dass er Licht und Mut in die Familie herein-
bringen will, auch wenn es mal nicht so gut läuft. Der Pfarrer
wird dazu während der Taufe sagen: »Der Herr ist mein Licht
und mein Heil, vor wem sollte ich mich fürchten.« Der Vater
ist dazu bereit, die Kerze zu tragen. Weiter wird geklärt, wer
auf die Aufforderung »Nennt den Namen des Kindes« antwor-
ten wird und wer das Kind über das Taufbecken halten wird.
Auch die folgende Prozedur: Begießen des Kindes mit Wasser
als Zeichen der Reinigung und eines neuen Anfangs, die Seg-
nung mit Andeutung des Kreuzzeichens auf Brust und Stirn
als Zeichen der vertrauensvollen Übergabe an Jesus Christus,
dem neuen Herrn seines Lebens, wird erklärt und gedeutet. Die
Eltern und Paten werden gefragt, ob sie es für sinnvoll halten,
wenn der Pfarrer sich nach der Taufe noch einmal besonders an
sie wendet und ihnen seine Segenswünsche für die Begleitung
des Kindes ausspricht, z. B. so: »Gott segne euch Eltern. Er hat
euch euer Kind geschenkt. Er helfe euch, ihm erste Zeugen des
Glaubens zu werden. Gott segne euch Paten. Er hat euch in die
Verantwortung für dieses Kind hineingenommen. Er helfe euch,
euere Aufgabe zu erfüllen. Gott segne uns alle. Er hat uns zur
christlichen Gemeinde verbunden. Er helfe uns, auf sein Wort
zu vertrauen und nach seinem Willen zu leben.« Der Pfarrer
fragt, ob die Mutter das Kind der Gemeinde vorstellen möchte,
indem sie nach der Taufe in der Kirche herumgeht. Damit hat
die Mutter allerdings Probleme, sodass die Vorstellung genau

wie die Beteiligung der Patin an den Lesungen fallen gelassen wird. Mit Gebet und Segen soll dann der Gottesdienst fort- gesetzt werden und die Familie kann sich wieder setzen. Alle Beteiligten sind sichtlich engagiert. Es hat eine Verwandlung in dem Wohnzimmer gegeben und der Pfarrer verabschiedet sich, mit Hinweis auf den Termin am Sonntag, mit einem kurzen Gebet: »Herr segne und behüte dieses Kind und seine Familie, bleib bei uns, wenn es schwer wird, lehre uns das Leben als dein Geschenk zu erkennen. Amen«.

In dieser Schilderung eines Taufgesprächs wird deutlich, dass auch die für das Ritual zu gewinnen sind, die eigent- lich vorhatten, es mit zwiespältigen Gefühlen hinter sich zu bringen, ihm aber keine Bedeutung abgewinnen konnten und erst nach dem Gespräch seine Möglichkeiten erahnen. Selbst bei Menschen, für die dieses Ritual sinnentleert ist, kann es also eine Anleitung zum rituellen Tun oder sogar zu einem reflektierten rituellen Handeln kommen. Dafür ist das Vorbereitungsgespräch wichtig. Es soll nicht nur die Form klären, sondern die Beteiligten emotional gewinnen und kognitiv aufklären, ohne sie zu drängen oder zu zwingen. Die Taufe als Ritual ist eine Einladung, bei der sich alle an- gesprochen fühlen können mitzumachen oder auf Abstand zu bleiben und andere machen zu lassen. Das Ritual braucht keine demokratische Abstimmung, es hat für sich Kraft und Wirkung, wenn Menschen darin freundlich eingeführt werden. Übrigens: Der Pfarrer wurde zum Essen nach der Taufe eingeladen und es ergab sich eine Beziehung, die zu weiteren seelsorgerlichen Gesprächen mit der Familie führte. Das Ritual hatte also auch eine Wirkung auf die Seelsorge- Beziehung.

In Beratungen sind die Beziehungsprobleme, die mit dem Kind, aber auch mit dem rituellen Handeln als gemeinsamer Aktion von Eltern, Großeltern und Paten entstehen, wichtige thematische Punkte, von denen manchmal das Gelingen der Partnerschaft und der Elternschaft abhängen. Mütter berich- ten z. B. über das Desinteresse des Vaters an seinem Kind und zeigen zunächst kein Verständnis für die Zwiespältigkeit des Mannes angesichts von überwältigenden Emotionen, kundiger Aktivität von Frau und Schwiegermutter (oder anderen Familienangehörigen) und für seine Überforderung durch die Ansprüche des Babys und auch nicht für sein Gefühl, durch das Kind zurückgesetzt zu werden und nicht mehr interessant für die Ehefrau zu sein. In manchen Beratungen wurde die Mutter über eine Erklärung der Verhaltensweisen und der Gefühle des Vaters instandgesetzt, mit ihm anders umzugehen, ihm das Kind zuzumuten bzw. anzuvertrauen, ihn in seine Pflege einzubeziehen und sich als geliebter Beteiligter an einer neuen Familie zu fühlen. Mit dem Kind hat sich für die Eltern viel geändert. An der Schwelle zur Familiengründung steht die Trauer über den Verlust von Zweisamkeit und dualer Intimität, die Einübung der Triangularität, also des Bezugs auf ein beide Partner verbindendes Drittes und die progressive Bereitschaft, das Familienleben und die gesellschaftlichen Bedingungen (Beruf, Freundeskreis, Wohnung) der neuen Situation anzupassen. Diese drei Schritte des Übergangs sollten auch in Beratung und Seelsorge benannt und besprochen werden.

4.2 Von der Primärbeziehung zu Sozialkontakten (Eintritt in den Kindergarten)

Der Eintritt in den Kindergarten erscheint für das Kind mit Ängsten vor dem Trennungsverlust verbunden zu sein. Tatsächlich sind es aber häufig auch die Trennungsverlustängste der Eltern und insbesondere der Mutter, die ihr Kind in andere Hände gibt. Viele Eltern und Kindergärtnerinnen können über herzzerreißende Szenen berichten. Die Mutter verlässt ein weinendes und schreiendes Kind mit schlechtem Gewissen und gegen ihr Gefühl. Sie wird später darüber informiert, dass das Kind sich angeblich nach kurzem Rückzug mit der Kindergärtnerin in Verbindung gesetzt hat und von dieser dann auch in die Gruppe der anderen Kinder geführt wurde. Die Szenen erscheinen aber auch wie ein Test für das Bindungsverhalten von Mutter und Kind.

Exkurs: Bindungsverhalten

Die von John Bowlby (englischer Psychoanalytiker 1907–1990) 1969 entwickelte Bindungstheorie besagt (Bowlby 1975): Es gibt ein biologisch angelegtes Bindungssystem. Dieses veranlasst Kleinkinder (und auch Tiere im jungen Alter) im Notfall instinktiv nach Schutz bei älteren Artgenossen zu suchen, die Erfahrung und Sicherheit versprechen. Schon Säuglinge entwickeln deshalb Verhaltensstrategien, die das Ziel haben, Pflegepersonen bzw. die Mutter zur Hilfe aufzufordern. Die Mutter wird in diesem Fall zur Bindungsperson und die Trennung stellt eine Gefahr dar, die durch das Bindungsverhalten gebannt werden soll. Bindungsverhalten bedeutet, die Nähe der Bindungsperson suchen, sich ihrer zu versichern, sich anzulehnen, anzuklammern und sie mit Quengeln und Schreien bei sich zu halten. Diese Bindungsmuster reifen im Laufe des Lebens durch äußere Ereignisse. In den Phasen der größten Abhängigkeit im Lebenszyklus, also während der frühen Kindheit und im hohen Alter, ist die Wahrscheinlichkeit am größten, dass Bindungsverhalten aktiviert wird. Bindungsverhalten ist an sich nichts Pathologisches, denn es ist eine »Tatsache, dass Bindungsverhalten potentiell das ganze Leben hindurch aktiv bleibt und […] lebenswichtige biologische Funktion hat« (Bowlby 1983, 59).

Bindungsverhalten zieht sich als ein Interesse an Sicherheit und Geborgenheit durch das Leben des Menschen. Als Bindungsstörung (K. H. Brisch 2010) wird die Neigung zum Auslösen von Bindungsverhalten (also Schutzsuche) bei geringfügigen Anlässen, und die Entwicklung einer entsprechenden Haltung (scheinbares Desinteresse an der Beziehung, Misstrauen gegenüber neuen Beziehungsangeboten, unerklärliche

Schwankungen im Beziehungsverhalten, übermäßiger Hass, »Als-ob-Persönlichkeiten«) angesehen.

An und für sich ist ein kindliches Verhalten, das dazu dienen soll, die Mutter festzuhalten, also natürlich und die affektive Reaktion der Mutter, d.h, die Unsicherheit, ob sie ihrem inneren Plan folgen soll oder ihn zugunsten des Wohlgefühls ihres Kindes aufgeben soll, auch.

Der Einsatz von Bindungsverhalten spricht für einen weiteren Übergang von der ausschließlichen Bindung in einer Primärbeziehung zu dem Zulassen eines Dritten (Vater, Kindergärtnerin, Kindergruppe, andere Erlebnismöglichkeiten). Dieser Übergang wird nicht immer deutlich markiert durch eine Feier oder einen Fototermin oder besondere Zuwendungen zum Kind. Es gibt aber Rituale im Kindergarten selbst, wie die Begrüßung, den Morgenkreis und eine feste Struktur des Tages, aber auch des Jahres, die dem Kind die neue Bindung an »das Dritte« erleichtern können.

Die vierjährige Manuela will nicht in den Kindergarten gehen. Schon beim Anblick des Gebäudes, später sogar beim Verlassen des Elternhauses, zeigt sie Angstattacken mit ungewöhnlich starken körperlichen Reaktionen, die zu Panikattacken ausarten. Die sehr bemühten Eltern sind hilflos. Der Besuch eines Kinderpsychotherapeuten verläuft zunächst erfreulich. Das Kind nimmt Kontakt auf und ist vom Spielzimmer des Therapeuten begeistert, besteht allerdings darauf, dass die Mutter es dorthin begleitet. Nach drei Spielstunden, in denen das Kind seinen Charme zeigt und auch aggressive Impulse beim Spiel an der Burg (Bewaffnung und Aufstellung der Ritter) bzw. beim Kasperspiel (Einführung des Krokodils) gezeigt hat, schlägt der Therapeut vor, dass das Kind zur nächsten Stunde ohne die Mutter mit in das Spielzimmer kommen soll. Beim nächsten Treffen verweigert das Kind dieses Vorgehen und meldet sich ab: es gehe jetzt lieber in den Kindergarten, weil es Angst davor habe, zum Therapeuten zu gehen. Mit dieser Verschiebung der Angst auf ein anderes Objekt ist das Symptom, das zur Vor-

stellung geführt hat, aufgelöst. Das Kind geht ohne Probleme in den Kindergarten, Angstanfälle treten nicht mehr auf, die Einschulung geht ohne Schwierigkeiten vor sich und die Eltern sind zufrieden. Die starke Abhängigkeit von der Mutter bleibt allerdings bestehen.

Das ist ein Beispiel für Komplikationen beim Übergang von der Bindung in der Primärbeziehung zu den Sozialkontakten. Manuela hat vielleicht Angst, weil der Kindergarten für sie neu ist und eine Trennung von der Mutter bedeutet. Seltsam, dass diese Angst so rasch verflogen ist und auf ein neues Objekt (die Beratungsstelle bzw. den Kinderpsychotherapeuten) gerichtet wird, das nun ebenso energisch vermieden wird, wie vorher der Kindergarten. Dies spricht eher für ein sicheres Bindungsmuster und ein angemessenes Selbstwertgefühl. Wir kennen die Verschiebung auf andere Angstobjekte bei Phobien. Dabei spielt die Vermeidung der Angst eine zentrale Rolle. Andererseits zeigt Manuela auch, dass es für die für den Kindergartenbesuch notwendige Trennung von der Mutter noch kein befriedigendes Ritual gegeben hat. M. hatte noch keinen hinreichenden Grund, diese Trennung als notwendig wahrzunehmen und die Bindung an die Mutter blieb für sie vorrangig. Schon in dem Spiel an der Burg, wo sie Ritter aufstellt, die ein Eindringen in den Innenhof verhindern sollen, zeigt das Mädchen aber, dass es darum geht, selber die Grenzen aufzustellen und aufrecht zu halten und nicht von anderen (Mutter, Kindergärtnerin, Therapeut) überrannt zu werden. Damit hat sie den Schritt von der Trennung (von der Mutter und der Abhängigkeit von ihr) zur Umwandlung (zu einer autonomen und selbstbestimmten Person) gemacht und ihre (freiwillige) Eingliederung in die Kindergruppe vorbereitet. Die eigentlich ganz positiv empfundene Begegnung mit dem Therapeuten diente als Paradigma für diesen Prozess des Übergangs. Drei Jahre später geht sie – aus eigenem Antrieb, um etwas zu lernen – in die Schule und wird mit Zuckertüte und Begleitung beider Eltern und der Großeltern gebührend gefeiert. Diesmal passt das Zeremoniell.

4.3 Vom Spiel zum »Ernst des Lebens« (Einschulung)

Bei der Einschulung sind die Zuckertüte und das gemeinsame
Foto mit den Eltern, u. U. auch im Klassenzimmer, obligato-
risch. Das Kind wird auf den Ernst der Situation hingewiesen,
es zeigt gegebenenfalls auch schon selbst einen Ehrgeiz, in der
Schule gut mitzuarbeiten und der Lehrerin als neuer Bezugs-
person zu gefallen. Mit der Einschulung des Kindes wird den
Eltern die Hoheit über Information und Aufklärung genom-
men und sie werden durch die Abgabe von pädagogischen
Aufgaben frei für andere Möglichkeiten der Verwirklichung.
Diese neuen Möglichkeiten des Lebensübergangs haben aber
auch eine Kehrseite. Sie können eine Überforderung für das
Kind darstellen und es in eine psychosoziale Krise führen.

*Der sechsjährige Michel kommt in die Schule. Das Ereignis wird
ausgiebig gefeiert, die Eltern zeigen ihren Stolz. Michel trägt
seine Zuckertüte und wird im Klassenzimmer fotografiert. Er
nimmt am Gottesdienst der Grundschüler teil und erlebt wie
die älteren Kinder das vorbereitete Kasperletheaterspiel für die
Neulinge vorführen. Er äußert sich zurückhaltend, wenn er
gefragt wird, ob er sich darauf freut, nun lesen und schreiben
zu lernen und mit den anderen Kindern zusammen zu sein. Er
war auch vorher nicht gern im Kindergarten und wäre manchmal lieber zu Hause geblieben. Aber er hatte nie gemurrt oder
sich gewehrt. Er hatte Freunde und war den Kindergärtnerinnen nicht (negativ) aufgefallen. Auch jetzt zieht er sich morgens
an und macht sich auf den Schulweg, aber die Mutter hat den
Eindruck, dass er bleischwere Füße hat. Diese Unlust verwandelt sich, als sich die Eltern wenige Wochen nach dem großen
Tag trennen. Der Vater zieht aus, die Mutter bleibt zu Haus. Einer der Gründe ist, dass sie ihren Jugendfreund wieder getroffen
und mit ihm eine Liaison begonnen hat. Kurze Zeit nach diesen Ereignissen äußert der Junge heftige Angstgefühle vor dem
Weg in die Schule. Er redet vom Tod, äußert die Befürchtung,
dass seiner Mutter etwas passieren könne und er dann allein
auf der Welt sei. Die Mutter nimmt Kontakt zum Kinderarzt*

und zur Beratungsstelle auf. Sie wird darauf hingewiesen, dass die Ängste auch der augenblicklichen Situation entsprechen: Michel wird sich seiner Eigenständigkeit bewusst, er geht allein den Weg zur Schule, er wird nicht mehr wie ein kleines Kind behandelt, er hat Verpflichtungen und kann nicht einfach zu Hause bleiben, wenn es ihm gefällt. Das alles kann ihm das Gefühl geben, etwas Wichtiges, nämlich Kindlichkeit und Verantwortungslosigkeit, verloren zu haben. Auf der anderen Seite lockt die Freiheit, sich selbst zu bestimmen, mit den Schulkameraden eigene Ideen zu verfolgen und sich von der Mutter unbeobachtet und unkontrolliert zu bewegen. Das ist eine ambivalent stimmende Situation. Sie wird durch die Trennung der Eltern verkompliziert. Denn nun muss er ohne den Vater auskommen, der ihn häufig unterstützt hat und sich mit der manchmal strengen Mutter, an der er auch sehr hängt, allein auseinandersetzen. Er ist versucht, so scheint es, sich manchmal als der große Herrscher im Hause zu verhalten, wird dann aber wieder ganz kleinlaut. Die Ängste werden vom Berater als Ausdruck seiner Sorge gedeutet, dass die Mutter sich auch von ihm trennen könnte und dass er mit seiner Wut über die Trennung, die andere Beziehung der Mutter und seine unzureichende Macht über sie nicht fertig wird und diese sich in unbewusste Aggression verwandelt, die in der Phantasie auch tödlich enden könnte. Dann wäre der Mutter »etwas passiert«, weil er nicht aufgepasst hat. In der Beratung wird das Selbstbewusstsein des Jungen noch einmal gestärkt. Ist nicht die Einschulung ein Zeichen dafür, dass er selbst über vieles für sich entscheiden und es auch steuern kann?! Er mag auch manchmal unzufrieden sein und das bei sich vergraben, aber niemand wird es ihm übel nehmen, wenn er seinen Ärger mal äußert und davon geht die Welt auch nicht unter! Die Mutter wird darauf hingewiesen, dass die Angst nicht auf äußere Gefahren zurückgeht, sondern eine Verarbeitung von zwiespältigen Gefühlen an einem wichtigen Lebensübergang darstellt. Bei der Bewältigung der Trennung der Eltern ist es wichtig, dem Jungen klar zu sagen, dass er dafür nichts kann und es auch nicht hätte verhindern können und dass die Liebe der Erwachsenen, anders als die zum Kind, auch

mal erlöschen kann. Andererseits soll er auch selbst mit ent-
scheiden, ob er seinen Vater regelmäßig besuchen will und was
er mit ihm unternehmen will. Der Vater wird angehalten noch
einmal zu betonen, dass er nicht seinetwegen gegangen ist, dass
er mit der Trennung einverstanden ist und dass sich zwischen
ihnen beiden(Vater und Sohn) nichts ändern muss. So wird der
Junge entlastet und gestärkt und bekommt eine Perspektive für
die Zukunft. Nachdem er mit dem Freund der Mutter und des-
sen Sohn aus erster Ehe Freundschaft geschlossen hat und sich
nicht mehr als Opfer erlebt, nehmen die Ängste ab.

Das Beispiel zeigt, dass Rituale nicht immer die Probleme
eines Lebensübergangs abfedern können. Die feierlichen
Rituale bei der Einschulung (Vorstellung in der Schule, erste
Einordnung in die Klasse, Fotografien, Überreichung einer
den Übergang versüßenden Zuckertüte, feierliche Begrüßung
durch Lehrerin und ältere Schüler mit Theateraufführung
u. a.) haben die Aufgabe, das Neue der sozialen Situation als
etwas Verlockendes darzustellen und die Kinder damit zu
versöhnen, dass damit die Schulpflicht und der Zwang zur
Arbeit verbunden ist, dass sie nicht mehr so frei entscheiden
können zu Hause zu bleiben, wenn ihnen danach ist, und dass
dies nun ihre eigene Welt ist, für die sie verantwortlich sind,
während die Mutter und der Vater zu Hause bleiben bzw. in
ihrer eigenen Lebens- und Arbeitswelt sind. Ein Kind, das
nicht durch regressive Wünsche nach einem Zurück in den
Mutterschoß bestimmt ist (weil es sich durch Beziehungsprobleme oder Minderwertigkeitsgefühle überfordert fühlt),
sondern sich reizen lässt durch die neuen Möglichkeiten der
Schule und den erweiterten Kreis von Mitschülern, zu denen
es nun gehört, wird sich für das Leben in der neuen Welt entscheiden und das Ritual als erhebende Form der Initiation erleben. Trennung (hier auch praktisch erlebt, wenn die Eltern
die Kinder für kurze Zeit allein in das Klassenzimmer gehen
lassen und vor der Tür warten), Umwandlung der sozialen Situation, (wenn die Kinder feierlich in eine neue Gemeinschaft
eingeführt werden und in ihr neue Anregungen erhalten) und

Wiedereingliederung, (wenn die Kinder mit den Eltern beim Fotografieren posieren können und am nächsten Tag allein zur Schule gehen und sich so in die neue Gemeinschaft eingliedern) sind die Stationen des Rituals. Es kann dazu beitragen, dass das Kind neue Identität erlebt und diese genießt – auch wenn es mal Rückschläge gibt durch Mobbing, Prügelei, großmannssüchtige Infragestellung durch ältere Kinder, Leistungsprobleme etc. Beratung ist wichtig, wenn diese Wirkung des Rituals nicht greifen kann, weil die Beziehungsprobleme in der Familie innere Konflikte unterhalten. Dann ist das Kind nicht frei und kann auch die positiven Anreize des Rituals nicht verwerten.

4.4 Von der Kindheit zum Eintritt in die Jugendzeit (Konfirmation)

Der Eintritt in die Pubertät fällt in der Regel in die Zeit des Konfirmandenunterrichts und die Konfirmation und macht dem Kind/Jugendlichen und seinen Eltern deutlich, dass die Ablösung voranschreitet, die Eigenständigkeit (z. B. im Sinne der Religionsmündigkeit) zunimmt. Das führt zu zwiespältigen Reaktionen gegenüber der Entwicklung: Stolz über die Anerkennung der Umwelt für das groß werdende Kind und Trauer über den Verlust der Kindheit. Der Ritus Konfirmation mit Einsegnung und Familienfeier hat häufig noch den Anspruch, das Kind in das Leben der Erwachsenen einzuführen und es auf das Berufsleben vorzubereiten. Lange Schul-Dauer allerdings führt zu einem Aussetzen der Realisierung dieses Plans. Dennoch behält die Konfirmation die Bedeutung eines »Mündigkeitsritus«, während in der Kirche immer wieder daran gearbeitet wird, die kirchliche Funktion der Konfirmation neu zu definieren, um ein »christliches Komödienspiel« bzw. Heuchelei zu vermeiden (Schildmann/Wolf, 65). Bei der Betrachtung der Auswirkung von Konfirmationsfeiern stellt man bis heute fest, dass die Inspiration der Familien durch

das Fest und insbesondere auch durch die wesentlichen liturgischen Stadien des Gottesdienstes (Einzug, Predigt auf
die Situation der Jugendlichen bezogen, Verpflichtung, Glaubensbekenntnis, Einsegnung und Gratulation, Zuspruch der
Rechte, Feier des Abendmahls) Bestand hat. Gerade in einer
Zeit der Veränderung von Familienstrukturen (Patchwork-
Familien, Auswirkung von Trennung und Scheidung, Alleinerziehendensituation) ist die Konfirmation ein Ereignis,
dass über den Tag hinaus wirkt. Schon im Vorhinein bringt
sie die entstandenen Familienstrukturen wieder in Bewegung,
schafft Unruhe und Neuordnung.

*Nicole ist hin- und hergerissen, weil sie den Auftrag bekommen hat, ihre Wünsche für die bevorstehende Konfirmation zu
äußern. Sie lebt bei ihrer alleinerziehenden Mutter und deren
Lebensgefährten, der regelmäßig Besuch von seinem Sohn aus
der geschiedenen Verbindung mit der Ex-Frau bekommt. Nicole
dagegen hat seit der Neuverheiratung des Vaters vor 4 Jahren
kaum noch Kontakt zu ihm. Sie war nicht bei seiner Hochzeit
dabei, weil ihre Mutter das nicht ertragen konnte. Auch jetzt ist
Nicole hin- und her gerissen, weil sie in Loyalität gegenüber ihrer Mutter den Vater nicht erwähnen mag, aber eine heimliche
Sehnsucht nach dem Wiedersehen mit ihm verspürt. Sie möchte
ihn jedenfalls zu ihrer Konfirmation einladen. Eine Teilnahme
an dem geplanten Essen nach dem Gottesdienst, bei dem auch
die Großeltern mütterlicherseits und der Lebensgefährte mit
seinem Sohn teilnehmen, scheint ausgeschlossen. Aber kann der
Vater nicht wenigstens am Gottesdienst teilnehmen? Als sie diesen Kompromiss der Mutter vorschlägt, kommt es zunächst zu
wenig erfreulichen Wiederholungen von Vorwürfen gegen den
Ex-Mann. Nicole und ihre Mutter suchen eine Beratung und
werden dazu ermutigt, Kontakt mit Nicoles Vater aufzunehmen.
In einem weiteren Beratungsgespräch mit ihm können die Vorbehalte und die Kränkung des Mannes aufgearbeitet werden. Er
hatte den Kontakt mit der Tochter aufgegeben, weil er mit der
Mutter einen heftigen Streit wegen seiner Hochzeit hatte und
Nicole sich dann für die Partei der Mutter entschieden hatte.*

Er sieht aber die Teilnahme an dem öffentlichen Gottesdienst als eine gute Möglichkeit an, die Verbindung mit Nicole wieder aufzunehmen, ohne sich mit dem gesamten Familienclan der Mutter auseinander zu setzen. Der Konfirmationsgottesdienst wird zum Auftakt eines Versuchs, die Beziehung zwischen Vater und Tochter zu erneuern und eine neue Form der Kommunikation in der Patchworkfamilie zu entwickeln.

Jan Hermelink hat die Konfirmation als »heilsame Verstörung« bezeichnet. Auf heilsame Weise, so meint er, werde in der Großfamilie die Vorstellung erschüttert, es gebe zu den dominanten Konflikten der Gegenwart keine Alternative. Wenn aber geschiedene Väter oder verschollene Paten wieder am Familientisch Platz nehmen oder jedenfalls in einem Fotoalbum wieder gesehen werden, dann brechen still gelegte Konflikte auf und andere Begegnungsmuster werden wieder möglich (Hermelink, 493f.). Auch der Konfirmationsgottesdienst kann mit seinen liturgischen Schritten eine heilsame Unterbrechung der familiären Prozesse im Umfeld der Pubertät darstellen (aaO, 495). Das gottesdienstliche Ritual stellt die Gruppe der Konfirmandinnen und Konfirmanden der großfamiliären Gemeinde gegenüber, die Beteiligung der Konfirmanden zeigt diese als ernst zu nehmende Personen, die Würdigung von Eltern im Gebet und von Jugendlichen, für die sich die Gemeinde erhebt, sowie die Geschenke und das Fest für sie, stellen eine Klärung und Erneuerung des Verhältnisses von Erwachsenen und Jugendlichen dar. Es wird deutlich, dass verschiedene soziale Systeme in eine nicht selten verstörende Wechselwirkung geraten, durch die verschiedene Bindungsmuster der Jugendlichen symbolisch revidiert, und familiäre Grenzen überprüft und neu markiert werden. In solcher heilsamen Verstörung ereignet sich eine Öffnung eingefahrener Interaktionsmuster für das neue, das schöpferische Handeln Gottes. (aaO., 498). »Wird … die Liturgie der Konfirmation *als* darstellendes Ritual vollzogen, so vermag sie angesichts des prekären Übergangs in Kirche und Familie einen geist-

lich vergewissernden *und* befreienden Impuls zu geben.«
(aaO., 500).

Die Konfirmation als Initiationsritus (Rites de Passage)
bedeutet Abgrenzung von den Eltern, Umwandlung auf der
Schwelle vom Kind zum Jugendlichen und Eingliederung
in die Erwachsenenwelt. Die Anerkennung der Peer-Group
spielt dabei eine tragende Rolle (Haar, Persönlichkeit entwickeln 2010, 38). Als kirchlicher Ritus ist sie eine Admissions-
und Bekenntnisfeier. Sie hat in der Struktur gleichwohl den
Charakter einer Initiation. Manfred Josuttis spricht von einer
Einweihung in das Priesterdasein und weist darauf hin, dass
die Annäherung an den Machtbereich des Heiligen nur gelingen kann, wenn ein festes Regelwerk eingehalten wird. Ohne
die Einhaltung von Regeln werde die Expedition in Richtung
Gotteserfahrung das Ziel verfehlen (Josuttis 1996, 146f.).

Auch die Zeit des Konfirmandenunterrichts kann als
Prozess einer Initiation verstanden werden. Manche Konfirmanden stöhnen über die Unterrichtsstunden, als sei das eine
lästige Verpflichtung. Auf Pfarrerin oder Pfarrer kann das
demotivierend wirken. Vom Standpunkt des Übergangsritus
allerdings stimmt das Seufzen über die Last überein mit dem
Seufzen bei schweren Aufgaben des Trennungssritus einer Initiation wie dem traditionellen Bungee-Springen, einer Mut-
probe junger Männer auf dem Südseearchipel Vanuata oder
gar der Auspeitschung der neun- bis zwölfjährigen Jungen aus
dem Pygmäenvolk der Mbuti oder der jungen Pueblo-Indian-
der in New Mexiko. Bei den Orokaiva in Papua-Neuguinea
jagen als Vogelwesen maskierte Zeremonienmeister die Jungen aus dem Dorf. Sie werden zusammengetrieben und dann
in Waldhütten gesperrt. Sie dürfen nicht miteinander reden,
nicht hinausschauen und bekommen ihnen bislang unbe-
kannte Dinge zu essen. Je schwieriger und schmerzlicher die
Initiationsriten waren, desto mehr hängen Menschen einer
Institution an. (Alexandra Rigos, 87). Der Akt der Trennung
wird von Konfirmanden hier bei Konfirmandenfreizeiten
erlebt, die als mehrtägige Konfi-Camps (Landeskirche Berlin-
Brandenburg) oder auch als mehrere Wochen dauernde Auf-

enthalte im Gebirge mit entsprechenden Gruppenerlebnissen (Landeskirche Braunschweig) durchgeführt werden. Wie bei anderen Initiationen wird das Gemeinschaftsgefühl der Gleichaltrigengruppe dadurch gestärkt. Die Tage in der Ferne unterstützen die gesunde innere Ablösung von den Eltern, tragen zu einer Wandlung in Richtung auf mehr jugendliche Verantwortung für das eigene Leben bei und helfen dem Jugendlichen, sich wieder in die Gesellschaft einzugliedern.

Neben der kirchlichen Feier gibt es am Rande des Konfirmationstages auch noch weltliche Formen der Initiation, die vor allem in ländlichen Bereichen hochgehalten werden. Dabei spielt der erste Genuss von Alkohol eine besondere Rolle.

Exkurs: Der erste Stiefel als gesellschaftliches Ereignis

Beim Rundgang durch die Gemeinde, den Konfirmanden nach ihrer Konfirmation im Ort machen, wird ihnen mancherorts der Stiefel gereicht, das überdimensionale Glas Bier in Form eines Stiefels, das man so weit wie möglich leeren soll. Das Glas wird von einem Erwachsenen gereicht und auch die Schnäpse, die den jungen Männern eingeflößt werden (Mädchen werden meistens verschont) werden von Erwachsenen eingeschenkt. Das, was im Konfirmandenunterricht gelehrt wurde, also die Geradlinigkeit im Denken, der Widerstand gegen Verführungen, die Mitgliedschaft in der Gemeinde der Heiligen gar, all das scheint noch am gleichen Tag konterkariert zu werden. Man könnte meinen, dass sich alle Erwachsenen nun verschworen haben, den Jugendlichen über den Tisch zu ziehen oder ihn unter den Tisch zu trinken, ihn damit zu demütigen und in seine Grenzen zu weisen, damit er sich nicht für zu groß und unantastbar hält. Und gleichzeitig wirkt dieser Brauch so, als werde der Jugendliche, dem ja auch schon mal eine Zigarre angeboten wird, mit diesen rauen Gesten in die Welt der (männlichen) Erwachsenen eingeführt. Wie bei einer Initiation muss er leiden und Schmerzen

ertragen, wenn er aufgenommen werden will in diese seltsame
Gesellschaft der frommen Trinker, die nicht nur fromm sein
wollen. Manche treffen sich von nun an regelmäßig einmal in
der Woche in der Kneipe des Ortes zum Stammtisch und das
Bier gehört zum Wochenende oder Feierabend dazu. Andere
haben erst einmal die Nase voll und sind gewiss, dass sie trinken können, es aber nicht tun müssen.

Obgleich Pfarrer und Kirchenvorsteher diese Sitte verurteilen und manche Eltern über die Folgen auch nicht erfreut
sind, scheint das »Ritual im Abseits« einen Sinn zu haben.

4.5 Schulabschluss und Existenzgründung (Reifeprüfungen)

Für die meisten Jugendlichen sind die Freiräume bei Konsum
und Medien, Freizeit- und Sozialkontakten, Lebensstil und in-
dividuellem Gestalten des Alltags so groß wie wahrscheinlich
noch nie zuvor. Aber es sind dies z. T. Freiheiten, deren Nut-
zung nicht dafür sorgt, dass man von der Gesellschaft als voll-
wertiges »Mitglied« wahrgenommen wird (Shell Jugendstudie
2010, 38). Die Lebensphase Jugend ist zu einem Abschnitt der
strukturellen Unsicherheit und Zukunftsungewissheit geworden (ebenda). Von daher sind rituelle Übergangshilfen besonders wichtig. Die im Jahre 2011 abgeschaffte Wehrpflicht und
damit auch der ersatzweise geleistete Zivildienst ist bei aller
Problematik der Zwangsverpflichtung auch immer schon als
eine Bewährungsprobe für junge männliche Heranwachsende
gesehen worden, ja zur »Schule der Nation« hochstilisiert
worden. »Da muss man durch« sagen Erwachsene zur Prü-
fung im Schlamm und zu teilweise ungewöhnlichen Ritualen,
wie sie z. B. von dem Segelschulschiff »Gorch Fock« in dieser
Zeit bekannt geworden sind, wo bei der Äquatortaufe ekeler-
regende Getränke und Bäder angeblich auf der Tagesordnung
standen. Diese den Initiationsriten ferner Völker ähnelnden
Rituale zeigen den Versuch der Institution, die Ablösung der

jungen Erwachsenen von ihrem Elternhaus und die systematische Bekämpfung ihrer Größenphantasien und ihres jugendlichen Hochmuts zu befördern, und die Eingliederung in eine sich elitär gebende Institution, die sich als Repräsentant der Gesellschaft versteht bzw. verstand, zu vollziehen.

Für die jungen Frauen ist das Soziale Jahr, ein Sprachpraktikum oder ein Au-Pair-Job im Ausland häufig ein ähnliches Bewährungsmodell.

Die zwanzigjährige Lena ist eine gute Schülerin, aber wird von ihren Eltern bei Schulabschluss doch besorgt betrachtet, weil sie manchmal unkonzentriert und aufgesetzt fröhlich oder auch exaltiert wirkt und sie ihr das Leben als Erwachsene nicht zutrauen. Ihre bisherigen partnerschaftlichen Beziehungen sind enttäuschend verlaufen. Sie sucht sich immer wieder Männer, die nicht ganz verlässlich sind und sie auszunutzen scheinen. Die Abitursfeier erstaunt die Eltern: Lena wird wegen ihrer Leistungen besonders gelobt und ausgezeichnet und kann in einer kleinen Rede den Beifall der Anwesenden erhalten. Sofort nach dem Abitur sucht sich Lena einen Praktikumsjob in Frankreich und landet auf einem Bauernhof. Sie genießt das Leben dort trotz harter körperlicher Arbeit, singt mit anderen auf dem Hof arbeitenden Praktikanten und lernt in Kürze perfekt Französisch. Der Aufenthalt ist wie ein Befreiungsschlag für sie. Sie kehrt gar nicht erst nach Hause zurück, sondern sucht sich in Paris eine Wohngelegenheit und jobbt in einem Restaurant, wenn auch für sehr wenig Geld. Sie führt ein recht freies Leben, aber nach der Rückkehr nach Deutschland studiert sie erfolgreich und promoviert mit Hilfe eines Stipendiums.

Der Auszug aus dem Elternhaus ist verbunden mit dem Abschied von den gleichaltrigen Freunden, die einige Jahre lang Modell, Stütze und Halt für den Heranwachsenden waren. Darüber ist häufig die Angst vor Eigenständigkeit und Identitätsentwicklung in den Hintergrund getreten. Die neue Perspektive nach der Reifeprüfung oder ähnlichen Abschlüssen führt zu einem Verlust der durch die Peer-Group vermittelten

Sicherheit und die lockende Freiheit kann zu inneren Konflikten führen und wird dann mit Angst beantwortet.

Besonders die Zeit nach dem Schulabschluss kann da zu einer
auslösenden Situation für innere Konflikte mit der Gefahr von
Angststörungen, Depression etc. werden: Die 19jährige Abitu-
rientin kommt in die Beratung, weil sie unter Panikattacken
leidet. Sie möchte gern ihr Studium in Berlin antreten, fürchtet
sich aber schon vor den Gängen in der Stadt. Jeder Platz er-
füllt sie mit Angst, die sich in heftigen körperlichen Reaktionen
niederschlägt. In der Beratung wird deutlich, dass sie mit dem
Verlust der während der Schulzeit erfahrenen Sicherheit und
Struktur, aber auch vor allem dem Verlust des ständigen Zu-
sammenseins mit den Freunden als Modellen für Verhalten und
Perspektiven, nicht zurechtkommt. Sie wird in der Beratung
unterstützt, sich selbst zu organisieren – auch gegenüber der
Angst: also stehen zu bleiben, das Angstobjekt in den Blick zu
nehmen, zur Ruhe zu kommen, Strategien für das weitere Vor-
gehen zu ersinnen. Das hilft ihr beim Übergang in eine neue,
zunächst fremde Welt.

Die Bedeutung des Arbeitsplatzes am Lebensübergang in
die Selbständigkeit soll besonders hervorgehoben werden:
Leistungsdruck, fehlende innere Stabilität, hohes Selbstideal,
fehlende Bodenhaftung, unklare Lebensperspektive, finanzielle Unsicherheit machen die Schwelle zu einer kritischen
Situation.

Die 18jährige Jugendliche bewirbt sich als kaufmännische An-
gestellte in einem Kfz-Betrieb. Der Vorgesetzte ist von ihrem
charmanten Auftreten und ihren guten Schulnoten beeindruckt.
Aber bald kommt es zu Problemen, weil die junge Frau nicht
pünktlich zum Dienst erscheint und sich wegen Krankheit
mehrmals für einige Tage abmeldet – und das in der Probezeit!
In der Beratung wird deutlich, dass Konflikte mit dem Freund
dahinterstecken, die sie sehr beschäftigen und belasten. Es wird
aber auch deutlich, dass sie nicht in der Lage ist, sich selbst Auf-

träge zur Arbeit zu holen, wenn sie nicht mit Anweisungen be-
schäftigt wird. In der Beratung zeigt sie ihre grundsätzliche Am-
bivalenz gegenüber der Arbeitsstelle, es ist ihr häufig langweilig,
sie findet die Mitarbeiter »blöd«. Sie neigt dazu, das Ende der
Beschäftigung als Lösung für ihr Gefühlschaos zu sehen. Diese
Haltung wird auch am Arbeitsplatz deutlich. Der Vorgesetzte
meint, »sie passt nicht in diesen Betrieb.«

Eine andere 17jährige bekommt einen Praktikumsplatz in der
Klinik. Nach zwei Wochen wird sie wieder hinausgesetzt. Die
Klinik hält sie nicht für belastungsfähig. Die Jugendliche berich-
tet in der Beratung, dass die Stationsschwester sie »auf dem Kie-
ker« hatte und ihr vorgeworfen hat, dass sie bei der Übergabe
am Morgen nicht aufgepasst und deshalb einige Aufgaben »ver-
gessen« hat. Die Jugendliche hat sich daraufhin gewehrt und in
einer selbstbewusst wirkenden Art darauf hingewiesen, dass sie
erst seit kurzem im Dienst sei und von der Stationsschwester
unzureichend eingeführt worden sei. Sie macht sich über das
Ende des Praktikums nicht zu viele Gedanken: ihr Hund, ihr
Pferd und ihr Freund sind ihr wichtiger. Die Mutter, die den
Kontakt mit dem Berater hergestellt hat, macht sich Sorgen,
weil die Tochter ausgezogen ist und bei ihrem Freund lebt.

Die Familie und die Beziehung der jungen Menschen zu ihren
Eltern beeinflussen ebenso die Persönlichkeitsentwicklung
und sind maßgeblich mit verantwortlich für die Fähigkeit des
Jugendlichen, an der Schwelle zum Erwachsenenalter in die
Eigenständigkeit zu gehen.

Die Verzögerung der Verselbständigung ist ein Zeichen
einer Einschränkung der Selbstorganisation und der Beziehungen bzw. kann zu psychischen Störungen führen.

Der 22jährige hat nach dem Abitur ein paar Bewerbungen
geschrieben, dann aber resigniert und sich hinter seinen PC
verzogen. Die alleinerziehende Mutter versucht ihn zu bewegen, aber er wehrt sich gegen ihr Drängen. Er wird ständig
dicker, weil er sich nicht bewegt und zu viel isst. In einer längeren Beratung der Mutter wird die räumliche Verselbständigung des jungen Mannes geplant. Er macht der Mutter das

Herz schwer, weil er sagt, dass sie ihn loswerden wolle, während sie doch sieht, dass er keine Fortschritte macht, solange er in ihrer Wohnung hockt und sie für ihn mit sorgt. Der Einzug in eine Wohnung gelingt und nun schafft es der junge Mann auch, sich für eine Anstellung als Pflegehelfer zu interessieren und eine entsprechende Ausbildung zu beginnen.

Es ist erstaunlich, dass es neben den Ausbildungsabschlüssen und den genannten »inoffiziellen« Initiationsriten in bestimmten geschlossenen Gruppen oder dem Tribut an die mobile Gesellschaft in Form eines Führerscheinerwerbs kaum gesellschaftlich relevante Rituale gibt, die Ablösung, neue Lebenssituation und Eingliederung in die Gesellschaft der Erwachsenen wirksam unterstützen und auch den Eltern Mut für eine Einstellung auf die neue Situation geben, die ja durchaus auch positive Züge haben kann.

Erst mit dem Ende der Ausbildung oder des Studiums und dem Eintritt in das Berufsleben sind wieder feierliche Rituale vorgesehen: Amtseinführung mit Vorstellungsgesprächen, Vertragsunterzeichnung, Vereidigung oder Ordination etc.

4.6 Abschied vom Junggesellenleben und verbindliche Partnerschaft (Trauung)

Mit dem Abschluss der Adoleszenz ist die sexuelle Reife erreicht, nach der psychoanalytischen Theorie auch das Entwicklungsziel des Primats der genitalen Sexualität. Auch wenn schon viele Freundschaften und sexuelle Erlebnisse bestanden haben, bekommt die Partnersuche jetzt noch einmal eine ernsthaftere Tönung. In unserer Gesellschaft allerdings bedeutet das noch nicht, dass eine Lebensgemeinschaft gesucht wird. Das hängt auch mit langen Ausbildungen bzw. Studium zusammen. Es besteht noch keine Ortsbindung und vor dem Abschluss der Ausbildung auch noch keine innere Ruhe, die den Ausblick auf das weitere Leben ermöglichen könnte. Mit dem Eintritt in das Berufsleben ändert sich das häufig. Das

kann manchmal erst an der Schwelle zum dritten Lebensjahr-
zehnt so weit sein, manchmal sogar später. Dann erkennen v. a.
Frauen ihr Interesse daran, neben allem beruflich Erreichten
doch auch im intimen Raum von Partnerschaft und Familie
Zufriedenheit und Ausgeglichenheit zu finden. Der Kinder-
wunsch spiegelt diese Wünsche und auch die Sehnsucht sich
selbst wieder zu finden in einem anderen Wesen und für
dieses sorgen zu können. Die Zahl der Ehen ohne Trauschein
sind weiter gestiegen und die Wahlmöglichkeiten in Bezug auf
Familie, Ehe und Beruf sind nahezu unübersichtlich geworden, so dass es nicht mehr klar ist, ob man im »ganz normalen
Chaos der Liebe« »heiratet und nicht zusammenlebt, ob man
das Kind innerhalb oder außerhalb der Familie empfängt oder
aufzieht, mit dem, mit dem man zusammenlebt, oder mit
dem, den man liebt, der aber mit einer andern zusammenlebt,
vor oder nach der Karriere oder mitten darin« (Beck/Beck-
Gernsheim 1990, 25f.). Dennoch stehen den auf ein Drittel
angestiegenen Scheidungszahlen immerhin noch zwei Drittel
»normale« Ehen und Familien gegenüber und die Jugendlichen streben in der Mehrzahl kein bindungsloses Leben, sondern das Ideal einer stabilen Partnerschaft an (aaO., 26f.). Das
hängt nun nicht mehr mit den Zwängen der gesellschaftlichen
oder kirchlichen Moral zusammen, sondern eher mit einem
modernen Liebesglauben (aaO., 228). »*Die Liebe nistet in Symbolen,* die die Liebenden zur Überwindung ihrer Fremdheit
mit der Geschichte ihrer Liebe selbst schaffen, als Nistplatz
ihrer Gemeinsamkeit ausgestalten und in der Erneuerung
von Erinnerungen zu ›fliegenden Teppichen‹ tragender Reali-
tätsträume fortweben« (aaO., 238). Diese Beschreibung der So-
ziologen bzw. Sozialpsychologen weist auf die Bereitschaft von
Menschen in der heutigen Gesellschaft hin, ihre Liebe in ritualisierten Gewohnheiten aufzubewahren und zu feiern. Das
hängt in einer Zeit, in der die Ehe nicht mehr Versorgungsgemeinschaft, sondern Liebesgemeinschaft ist, damit zusammen,
dass das Paar einen Mythos vom Zusammenleben braucht
(Neuburger, 1999, 35). Dazu gehören ganz private Erkennungs-
zeichen und Signale der Aufmerksamkeit und Zuwendung.

Neben diesen bleiben religiöse Rituale durchaus interessant und eine öffentliche Romantisierung der partnerschaftlichen Verbindung und der Eheschließung trägt mit dazu bei, dass das kirchliche Ritual der Trauung einen hohen Stellenwert in der Planung des gemeinsamen Lebens behält. Aber immer mehr Paare zeigen Selbstbewusstsein und persönliche Vorstellungen bei der Planung dieses Ereignisses. Sie möchten an den Texten und Worten mitarbeiten, möchten die Liturgie beeinflussen und manchmal auch die Gottesbeziehung in einen unaufdringlichen Hintergrund verweisen. Die Formel »bis dass der Tod euch scheidet« soll bei den einen ersetzt werden durch eine weniger vollmundige Zusage der Treue, der Ringwechsel soll ersetzt werden durch eine einseitige Ringübergabe an die Braut oder ergänzt werden durch weitere Symbole: (z. B. die aus dem spanischen entlehnte Übergabe von Münzen »las arras«, wie der Autor es einmal erlebt hat). Musikalische Sonderwünsche oder Lesung von Gedichten erweitern die agendarischen Grundlagen der Liturgie, der Brautvater soll die junge Frau zum Altar führen wie in amerikanischen Spielfilmen, die Dokumentation der Feier mit Fotos und Filmen wird intensiv verhandelt, nach der Zeremonie sollen noch die Brieftauben auffliegen etc. Neben diesen neu ersonnenen Ritualen im Ritual berichten die Brautleute über die traditionellen Feste vor der Trauung wie Junggesellenabschied oder Polterabend, über die Entführung der Braut beim Fest oder über den Rückzug des Brautpaares um Mitternacht u. U. verbunden mit dem über den Rücken geworfenen Brautstrauß, der von der nächsten Glücklichen aufgefangen wird. Dass der Bräutigam seine Frau über die Schwelle hebt, zeigt noch einmal besonders, wie sehr alle diese Rituale einen großen und manchmal mit Unsicherheit begangenen Lebensübergang begleiten und unterstützen.

Die dreiundvierzigjährige Mutter eines inzwischen schon einige Jahre alten Kindes hat sich von dessen Vater getrennt, weil sie sich vernachlässigt fühlte und gegenüber seinen erwachsenen Kindern aus erster Ehe auch deklassiert. Der Mann wollte diesen Kontakt nicht abbrechen und war auch noch im Gespräch mit der Mutter dieser Kinder, was ihr überhaupt nicht gefiel. Zudem wohnten sie abseits in einem Dorf und sie konnte nur selten ihre eigenen Eltern sehen. So zog sie wieder zu diesen. Die Lebensgemeinschaft erschien gescheitert. Die beiden trafen sich nur, damit der Vater sein Kind sehen konnte. Aber in einer Beratung wollten sie noch einmal die Probleme angehen und sich verständigen. Mit einem Dritten (dem Berater) ging das leichter, weil der sowohl ihre Erwartungen an einen aufmerksamen und sie verständnisvoll leitenden Mann laut werden ließ, als auch dessen Enttäuschung über die komplizierten Beziehungsdiskussionen und sein Interesse an einer wieder aktivierten realen Partnerschaft. Die Aufarbeitung ihrer bisherigen Partnerschaft gelang und mündete in den Wunsch, sich standesamtlich, aber auch kirchlich trauen zu lassen. Die Trauung sollte nicht in einer Kirche, sondern in einem Ausflugslokal stattfinden, weil der Mann sich kirchlich nicht so stark binden mochte. Er konnte aber ihrer Vorstellung von einem religiösen Ritual folgen und begab sich auch an die Vorbereitung der Texte, des Trauspruchs und der Lieder. Es kam dabei zu einer großen Übereinstimmung der beiden.

In dem geschilderten Fall geht es den Brautleuten darum, nach Irrungen und Wirrungen in der Partnerschaft mit Trennung und Wiederfindung durch eine Beratung, die die Erkenntnis festigt, dass sie doch zusammengehören und sich viel zu sagen haben, eine Form der Wiederverheiratung zu wählen, die nicht nur den Beistand des Beraters als dem Dritten in der Beziehung zu Hilfe nimmt, sondern auch das Ritual der kirchlichen Trauung – und dass, obwohl der Ehemann sich nicht sicher ist, ob er die Gottesbeziehung in ihr mit tragen kann. Trotz dieser Skepsis, die auch die Braut verunsichert, gehen sie diesen Weg. Sie scheinen darauf zu bauen, dass Rituale dazu beitragen, Paarbeziehungen am Leben zu erhalten. Für dieses Paar wie für viele andere ist es offenbar wichtig, die eigene Existenz und Andersartigkeit zu bewahren und gleichzeitig die Verbindung zur Umwelt aufrecht zu erhalten. Das geschieht durch Mythen und Rituale, die die Paariden-

tität bewahren und das Verwischen von Grenzen verhindern
(Neuburger aaO., 42f.).

Das Ritual kann also Endpunkt einer Beratung sein und die
darin erarbeiteten Schritte der Trennung von alten Erwartungen und Einstellungen, eine Umwandlung in den bürgerlichen
und kirchlichen Status von Eheleuten und die Wiedereingliederung als Frischverheiratete in Familie und Berufsgemeinschaft
werden durch das Ritual begleitet und verbindlich gemacht.
Für manche Paare ist diese Festlegung beruhigend und ermöglicht eine sichere Perspektive für die Zukunft. Für andere hat
sie einen unangenehm fixierenden Charakter und es besteht
die Befürchtung, sie könne »die Liebe abtöten«. Das Ritual
kann diese »Ambitendenz« angesichts einer Bindung nicht
auflösen. Im Gegenteil: es verschärft noch die Empfindungen
des Verlusts, der in der Trennung vom Einzelleben geschieht,
es zwingt zur Umwandlung und zur Entwicklung einer neuen
Identität und es gliedert beide Partner als »Paar-Wesen« in die
Gesellschaft ein. Tatsächlich kann es dabei zu einem dauerhaf-
ten Gefühl des Gefangenseins oder des Verlusts von Freiheit
kommen, das dann auch die sexuelle Lust beeinträchtigt. Um
dies zu verhindern, muss die Bindungsfähigkeit erworben bzw.
eine eventuelle Angst vor Bindung bewusst werden.

*Die dreiunddreißigjährige Katharina kommt wegen Herzbe-
schwerden ohne organischen Befund in die Beratungsstelle.
Sie hat keine Ahnung, woher ihre Angst vor Herzattacken mit
Schwindel und Schweißausbrüchen kommt. Sie ist deswegen
in ärztlicher Behandlung. Bevor sie einen Psychotherapeuten
aufsucht, will sie sich beraten lassen. Ihr Bericht über ihre au-
genblickliche Lebenssituation zeigt sie in einer verzwickten Situation. Ihr Lebensgefährte plant die Hochzeit und sie hat auch
vor, ihn zu heiraten. Mit einem schlechten Gewissen, aber mit
einer ebenso großen Lust, schleicht sie sich aber hinter seinem
Rücken zu einem Geliebten, mit dem sie erotische Erfüllung
erlebt. Sie genießt dieses Doppelleben und hat auch keine bewussten moralischen Skrupel, weil sie doch niemandem wehtut.
Ihre Herzangst ist für sie ein ganz anderes Kapitel. Hinter ihrer*

unbeschwerten und lebenslustigen Fassade allerdings stehen Ängste, die sie im Laufe einer Reihe von Beratungsgesprächen als Wiederholung ihrer Gewissensängste erkennt, die sie schon als Kind gegenüber den Eltern hatte, wenn sie sie heimlich beim Verkehr beobachtete und noch davon überzeugt war, dass das nicht schlimm sei, da sie ja nicht gesehen werden konnte. Auch damals genoss sie die gelungene Verheimlichung, hatte aber immer Angst vor der Entdeckung. Heute kommt die Angst nur unbewusst im Herzrasen zum Vorschein. Das wird ihr im Beratungsgespräch klar.

Neben der Angstproblematik ist auch die Beziehungsproblematik dieser Frau interessant: sie ist kurz davor sich an den von ihr geliebten Partner zu binden, sucht aber die Erfüllung von »freizügigen« erotischen Erlebnissen mit dem anderen und wiederholt damit auch eine erregende heimliche Befriedigung von sexuellen Triebimpulsen ähnlich wie bei der Beobachtung der Eltern. Die Heimlichkeit und die Abspaltung des erotischen Erlebens vom offenen Miteinander (mit Partner bzw. mit Eltern) locken und führen sie zugleich in innere Konflikte. Ihre Angst vor der Bindung mit dem Lebensgefährten kann damit zu tun haben, dass sie befürchtet, auch ihre erotische Erfüllung zu verlieren, die ja immer schon vom Reiz des Verbotenen getragen war. Das vor dem Gesetz geschlossene Bündnis scheint von ihr gefühlsmäßig mit dem Ende der Lust verbunden zu werden. Die Beratung hilft ihr, dies zu erkennen und geleitet sie von der Trauer über die Einschränkung ihrer Möglichkeiten über die Ausmalung des ehelichen Zusammenlebens zu einer Perspektive, die ihr auch als individuelles Wesen einen Entwicklungsraum in der Partnerschaft gestattet. Ihre Ambivalenz vor einer als bindend erlebten Ehe wird im Laufe der Gespräche gemildert.

Rituell wird die Ambivalenz vor einer Heirat mit Hilfe des Junggesellenabschieds oder der Entführung der Braut[4] durch

---

4   Ein Ritus, der schon auf römische Bräuche nach dem Raub der Sabinerinnen zurückgeht.

die Freunde des Mannes experimentiert und abgeschlossen. Diese Bräuche dienen der Erleichterung des Verlusts der Freiheit.

4.7 Von der Selbstverwirklichung zur Fürsorge (Schwangerschaft und Geburt)

Die Schwangerschaft

Die Schwangerschaft ist im Leben einer Frau eine umwälzend neue Erfahrung. Schwangere Frauen durchleben alle Höhen und Tiefen von Freude und Verzweiflung, Erwartungsangst und Hoffnung, Sorgen und Glück. Der ihnen vertraute Körper beginnt sich zu verändern und damit ihr Körperschema, also das innere Bild von ihrem Leib. Die hormonelle Entwicklung, die mit der Schwangerschaft einhergeht, führt zu ungewohnten Empfindungen wie Heißhunger auf bestimmte Nahrungsmittel, Schwächegefühle, Unwohlsein, manchmal auch mit Erbrechen verbunden, Müdigkeit, aber auch Vitalität. Während zu Beginn nur ein kognitives Wissen »ich bin schwanger« da ist, wird die Existenz eines neuen Organismus in ihrem eigenen Leib immer mehr zu einem bestimmenden Gefühl. Wenn das Kind gewünscht wird, ist es Freude, wenn es aber (zunächst) nicht gewollt ist, wird es zu einer von Zweifeln und Verzweiflung begleiteten Unsicherheit: will ich das Kind, kann ich die Verantwortung tragen, schaffe ich das, hält mein Partner zu mir? Schwangerschaft führt die emotionale Stimmung der Frau auf eine Gratwanderung. Die Schwere der Entscheidung führt zu inneren Konflikten, die einer Zerreißprobe nahe kommen können. Es hängt auch von den begleitenden Umständen ab, ob die Schwangerschaft angenommen wird oder ob es zum Entschluss kommt, sie zu beenden. Dabei spielt das Alter der Frau eine Rolle, die Festigkeit der Partnerschaft, in der sie lebt bzw. die Situation als Alleinstehende, die soziale Situation und die Unterstützung von Familienangehörigen und Freunden. Die Aussicht auf ein Kind kann nur dann hoffnungsvoll sein, wenn die Umbrüche und Unsicherheiten im Inneren der Frau, aber auch in ihrem sozialen Netz nicht zu stark sind. Sie braucht den Zuspruch und die Unterstützung ihrer Umgebung, um zu einer guten Entscheidung zu kommen.

Je mehr die Schwangere das lebende Kind in sich spürt, desto eher kann sie Freude und Spannung erleben und eine emotionale Bindung zum Baby aufbauen. Selbst wenn die Schwangerschaft ungewollt war und das Kind als Fremdes, als Eindringling empfunden wurde, kann es nun als ein Teil des Selbst betrachtet werden. Dieser Übergang vom individuellen Leben zu einem Leben zu zweit bzw. zu dritt (mit dem Vater) ist also von ambivalenten Gefühlen begleitet. Schon vor der Geburt gibt es kleine Rituale, die diesen Übergang begleiten und eine positive Einstellung befördern: das Anschauen des ersten Ultraschallbildes etwa oder das Fotografieren des gewachsenen Bauchs.

Ein weiterer Übergang ist dann die Geburt. Das bisher nur gefühlte und mit der Wölbung des Bauches erahnte neue Wesen wird in seiner Gestalt sichtbar und abgrenzbar. Die Einheit von Mutter und Kind wird getrennt. Die Mutter kann sich durch die Geburt als entlastet und beschenkt, aber auch als entleert und überfordert erleben. Die Schwelle in diese Welt ist für das Kind, aber auch für die Mutter und den Vater, ein riskanter Schritt, bei dem es ja auch leicht um Leben oder Tod gehen kann. Jedenfalls ist die Geburt eine weitere Übergangssituation, die mit widerstreitenden Gefühlen, Erwartungen und Ängsten verbunden ist. Auch hier liegen überwältigende Freude und Beglückung im Widerstreit mit Angst und Sorge.

Kurz nach der Geburt ihres Kindes kommt die junge Mutter in die Beratung. Auch für sie ist die Geburt eine zwiespältige Erfahrung gewesen. In der Schwangerschaft hatte sie sich noch wohl gefühlt. Nun häufen sich die Probleme. Sie fühlt sich durch die Versorgung des Kindes und ihre Verantwortung überfordert. Ihre sorgenvolle Einstellung führt dazu, dass sie die Beziehung

zu ihrem Partner nicht als hilfreich, sondern als einen weite-
ren Anspruch empfindet, dem sie sich entziehen möchte. Ihre
Mutter hilft zeitweise aus, ist aber selbst noch berufstätig und
deshalb nicht immer ansprechbar. Die junge Frau erlebt eine
große Sehnsucht, in die Kindrolle zurückzugehen und sich ihrer
Mutter voll anzuvertrauen. Sie kommt in die Beratungsstelle,
weil sie das Schreien des Kindes nicht erträgt und es mit dem
Gefühl verarbeitet, sie sei keine gute Mutter. Sie erfährt eine Be-
stätigung ihrer Eigenständigkeit und ihrer Ressourcen. Sie lernt
die Äußerungen des Kindes zu verstehen und ihre eigenen Un-
zulänglichkeitsgefühle als regressive (und depressive) Reaktion
auf die Ansprüche des von ihr abhängigen Kindes zu begreifen.
Sie fasst wieder Vertrauen in ihre eigenen Fähigkeiten. Sie lässt
den Vater – zunächst noch in einer vorsichtigen Entfernung –
an der Entwicklung des Kindes teilhaben. Dies entwickelt sich
mit Hilfe der beratenden Beziehung, die ähnlich wie das Kind,
als etwas Neues und Zusätzliches, aber bedingungslos Unter-
stützendes von ihr erfahren wird.

Schwangerschaft und Geburt kennzeichnen einen neuen Lebensabschnitt für Mutter und Vater: das Leben ist nicht mehr
scheinbar berechenbar, die Verantwortung führt zu Angst
(z. B. Zwangsbefürchtungen, dem Kind könne etwas passieren), die Trennung vom Embryo führt zu Trauerreaktionen
und u. U. sogar Depressionen. Die Handlungsfreiheit des
jungen Paares ist erheblich eingeschränkt. Die Bindung an die
Herkunftsfamilien wird stärker (v. a. wenn das Paar bei ihnen
wohnt und ihre Hilfe in Anspruch nimmt.). Der Übergang
von der Intimität in die Generativität (Erikson, 1981, 117) läu-
tet das endgültige Ende der Adoleszenz ein. Statt zwei sind die
Partner nun drei. Es gibt also einen Schritt von der Dualbezie-
hung zur Triangularität. Viele Paarbeziehungen vor allem von
jungen Partnern geraten bei diesem Übergang in eine Krise,
vor allem, wenn das Kind nicht von beiden gewünscht wurde.

4.8 Trennung vom Ehepartner und Scheidung: Chance zum zweiten Leben?

Rolf, 55 J., ist in seiner zweiten Ehe von großer Hingabe und Leidenschaft für seine Frau erfüllt. Diese Empfindungen werden von ihr erwidert, so dass sie eine erfüllte erotische und sexuelle Gemeinschaft haben. Aber Monika ist so vital und beziehungsfreudig, dass er ihr auch misstraut und nach den Höhen der innigen Gemeinschaft immer wieder zurücksinkt in das Gefühl, minderwertig zu sein und letzten Endes nicht auf seine Kosten zu kommen. Tatsächlich geschieht es, dass seine Frau an einem Wochenende einen anderen Mann kennen lernt und mit ihm ins Bett geht. Sie gesteht ihm das, um mit ihm an der Reparatur der Beziehung zu arbeiten. Er entschließt sich aber, sich von ihr zu trennen, weil er verletzt ist und die vorherigen Schwankungen zwischen Hochgefühlen und tiefen Verstimmungen ihm zu anstrengend sind. Nach vollzogener Trennung sieht er Monika auf der Straße mit einem anderen Mann. Heftige Gefühle der Eifersucht und der Kränkung, ja auch des Hasses durchfluten ihn. Es wird ihm in der Beratung bewusst, dass er sich zwar aus freien Stücken von seiner Partnerin getrennt hat, dass er sich aber innerlich noch nicht von ihr gelöst hat, noch immer in sich das Gefühl der Vereinigung mit seiner Frau birgt und sich schrecklich allein fühlt, wenn er an sie denkt. Seine Erschütterung geht bis zu suizidalen Gedanken, die ihn auch in die Beratung führen. Obwohl er sich für die Trennung entschieden hat und auch die Scheidung eingereicht hat, fühlt er sich noch einmal betrogen und als Opfer der Aktivitäten seiner Frau. Erst mit der Scheidung kann er sich wieder auf die eigenen Lebenspläne besinnen, die ihm durchaus lebenswerte Aspekte zu enthalten scheinen. In der Beratung versucht er, die durch das juristisch begründete Ritual der Trennung erreichte Beruhigung weiter zu verfolgen, denn er ist immer noch unsicher, ob er allein leben will und kann. Er sucht nach einer Zusage, dass es sich lohnt, dass er die Kraft hat und dass es für ihn eine Zukunft gibt.

Trennung und Scheidung werden von manchen Paaren schon
bei der Trauung als Möglichkeit in den Blick genommen. Die
Formel »bis dass der Tod euch scheidet« wird deshalb von
einigen abgewählt. Sie wollen die Partnerschaft nicht mit
großen Versprechungen belasten, die sie vielleicht nicht ein-
halten können. Dies entspricht der Entwicklung der Ehe von
einer Versorgungsgemeinschaft zu einer Liebesgemeinschaft,
die von den emotionalen Bewegungen der Partner bestimmt
ist. Das ahnen auch Menschen, die von romantischen Vorstellungen über die Lebensgemeinschaft bestimmt werden.
Sie sind u. U. auch beeindruckt von der großen Zahl der Ehe-
scheidungen (bis zu 40 % in den Städten), die zur Spaltung
von Familien und zum Leid für alle Beteiligten, besonders
für betroffene Kinder, führen. Dieser Ausweg aus einer mit-
unter bedrückenden Situation ist eine schwere Entscheidung.
Deshalb lassen sich manche Paare oder auch einzelne Partner
in einer Beratungsstelle begleiten, um über die Probleme der
Ehe- und Familiensituation zu besprechen oder auch eine
Hilfe für die betroffenen Kinder zu organisieren.

Trennung und Scheidung werden trotz veränderter ge-
sellschaftlicher Einstellungen zur Ehe als Scheitern erlebt
und führen zu Selbstzweifeln und Sinnproblemen, auch zu
Veränderungen des Gottesbildes. Kaum eine Lebenssituation ist emotional so bewegend wie die Trennung aus einer
Partnerschaft, die als das große Glück erträumt wurde und
romantisch begonnen hat. Die Folgen sind Enttäuschung
und Wut über das Ende, das als persönliches Versagen erlebt
wird. Häufig werden Ärger und Schuldgefühle aber lediglich
auf den Partner projiziert und an ihm abreagiert. Das führt
dann zu Rosenkriegen mit viel Bitterkeit und Hass. Der
Rückzug aus sozialen Beziehungen und in die Depression ist
dabei möglich. Dabei spielt der Verlust des Selbstwertgefühls
eine große Rolle. Der Betroffene kann den Partner und sich
selbst nicht mehr ausstehen und bezweifelt u. U. den Sinn des
Lebens. Das kann auch zu Zweifeln an der Gottesbeziehung
führen. Bei vielen Menschen, die mit der vergangenen Partnerschaft aufgeräumt haben und nach viel Wut und Trauer

sich lösen und zu sich kommen können, bleibt zunächst ein Vakuum an Gefühlen zurück, dass sich erst langsam wieder mit Hoffnung auf andere Lebensmöglichkeiten füllt. In besonderer Weise sind die Kinder mit betroffen und leiden, zusätzlich zum Verlust der Eltern als Paar, darunter, dass die Erwachsenen so mit sich beschäftigt sind, dass für sie als Kinder kaum noch Platz ist.

Die Trennung ist also zweifellos eine Schwellensituation, in der eine psychosoziale Krise erlebt wird und die nur mit angemessener Trauer, einer Zeit der inneren Wandlung und der letztendlichen Wiedereingliederung in gesellschaftliche Bezüge bewältigt werden kann. Aber anders als in der hoffnungsfrohen Zeit der Paarung steht für die sich Trennenden keine feierliche Begleitung in Form eines Rituals bereit, das ihnen auf diesem Weg äußeren Halt und innere Stabilität verleihen könnte. Dies liegt wohl auch daran, dass angesichts des großen Schmerzes und der vielen Verletzungen eine Begegnung mit dem Ex-Partner nicht mehr möglich erscheint und über die eigenen Kräfte gehen würde. Das bestehende weltliche Ritual der gerichtlichen Scheidungsverhandlung ist ganz von rechtlichen Gesichtspunkten und einer entsprechenden Sprache bestimmt. Es wird häufig als belastend und erlösend zugleich erlebt. Die Scheidungsverhandlung ist kein Ritual wie andere. Hier wird ja nicht auf Bestellung beider Eheleute eine Feier gestaltet, die sie bei diesem Lebensschritt begleiten soll und festlichen Charakter hat. Der Richter hat gleichwohl die Aufgabe, ihnen beim Abschied von der gemeinsamen Zeit zu helfen und den Umgang mit gemeinsamem Haus und Hausrat, mit dem finanziellen Ausgleich und mit den gemeinsamen Kindern zu regeln. Durch die Verhandlung wird die Trennung amtlich. Das macht den Abschied von der Ehe unausweichlich und es ist in vielen Fällen nach Rosenkrieg und bitteren Aggressionen nun möglich, mit Trauer zurück- und mit Gefasstheit nach vorn zu blicken. Allerdings ist diese Form des Rituals nicht nur recht nüchtern, sondern auch wenig inspirierend für die Zeit des Lebens danach. Leider gibt es nur wenige Ansätze zu einer kirchlichen Feier der Scheidung,

die beide Ehepartner (oder auch Lebenspartner) wieder mit
einem Segen Gottes aus der Partnerschaft entlässt und ihnen
die Gottesbeziehung zuspricht.

Die Mediation, die auch finanzielle Probleme der Trennung mit bedenkt, gelingt nur, wenn die Partner sehr reif mit
ihren emotionalen Regungen umgehen und der Vernunft –
auch wegen der finanziellen Vorteile – eine Chance geben.
Religiöse Rituale bedenken, dass der Mensch in allen Schwellensituationen des Lebens »auf sich selbst und seine eigene
Endlichkeit zurückgeworfen ist« und sich nicht zufällig in
diesen Übergängen des eigenen Aufgehobenseins durch eine
transzendente Macht vergewissert, die größer ist als er selbst
(Hans Dusolt und Gisela Appelt in: Alt-Saynisch, 22). Das
Trennungsritual hat dann drei Aufgabenschritte: 1. Trennung
von der Vergangenheit bei Akzeptanz der Verbundenheit,
die einst vorhanden war, 2. Eingeständnis des Scheiterns und
der »Unbehaustheit« in der Gegenwart. 3. Ausrichtung des
eigenen gebrochenen Lebens auf den Grund des Lebens als
Ausrichtung auf Zukunft, auf Hoffnung hin (ebenda.). Dieser Prozess zeigt Anklänge an das Übergangsritual wie es van
Gennep (s. u.) beobachtet und beschrieben hat: Trennung,
Übergang und Wiedereingliederung sind seine drei Stadien.

Die Modelle für ein Trennungsritual, das nicht die Scheidung, sondern die betroffenen Geschiedenen unterstützen
soll, reichen von Andachten für das Paar, die der Trauung
angelehnt erscheinen, über solche für einzelne Partner bis hin
zu gemeinsamen Gottesdiensten für Geschiedene.

Die Liturgie eines Münchner Modells weist strukturierte
Schritte eines Trennungsrituals auf: Eingeständnis von Schuld
und Vergebung, Freigeben und sich Lösen (wobei die Ringe
wieder in eine Schale zurückgelegt werden), Getrennte Wege
gehen und dafür den Segen empfangen (Alt-Saynisch, 77–93).

In Stuttgart wurde am 1.11.1998 ein Gottesdienst mit dem
Thema »Wenn Wege sich trennen … Trauer – Wut – Hoffnung«. Er war von den drei farbig ausgestalteten Stationen eines Pilgerwegs bestimmt: Schwarz für die Trauer, Rot für die
Wut, Grün für die Hoffnung. Die Dialogpredigt (zu Röm 5,5:

Hoffnung aber lässt nicht zuschanden werden) behandelte diese drei Themen anhand der Farbtücher persönlich und alltagsnah. Es gab Raum für Stille und Besinnung, aber auch für Gesang und Musik und anschließendem »Ständerling« mit Getränken und Gebäck (Wilfried Weber, Deutsches Pfarrerblatt 8/99, 472–475).

In Braunschweig (St. Petri) wurde am 1.7.2007 ein eher poetisch-psychodramatischer Gottesdienst veranstaltet, in dem Gedichte (K. Tucholski, *Sachliche Romanze*; Ingeborg Bachmann, *Eine Art Verlust*; Erich Fried, *Trennung*; Ulla Hahn, *Allein*) gelesen wurden, zwei Plakate mit »Durchhalteparolen« (Kinder brauchen eine heile Familie, Denk an deine Eltern, Lass uns neu anfangen etc.) wurden aufgehängt und von den Teilnehmern bewertet. Ein Segen mit Handauflegung, eine Predigt mit zwei Perspektiven und ein stützendes Gebet, sowie viele Lieder (Meine engen Grenzen, Fürchte dich nicht, Bewahre uns Gott, Du Gott stützt mich, Geh unter der Gnade) rundeten den Gottesdienst ab.

Ein ökumenischer Gottesdienst für getrennt Lebende oder Geschiedene und ihre Angehörigen mit dem Titel »Das darf doch nicht wahr sein!« wird in Stuttgart jährlich angeboten. In ihm kommen verschiedene Stationen zur Sprache, nachdem das Spektrum der Gefühle und der Verletzungen durch persönliche Statements ausgedrückt wird. Die Themenschritte heißen: »Was ich nicht wahrhaben will«; »Was in mir weint«; »Was mich wütend macht«; »Was mich hoffen lässt«; »Sich segnen lassen«; »Sich salben lassen«. Die Teilnehmer werden aufgefordert, eine oder mehrere Stationen aufzusuchen. Dort hängen Plakate mit Texten zu den angegebenen Themen und verdeckte Kärtchen mit Sätzen, die zu Besinnung und Meditation anregen sollen. Die Ansprache geht von dem Lied »Du Gott stützt mich« aus. Bitten, Vaterunser und Segen schließen den Gottesdienst ab (Ilse Ostertag, Johanna Rosner-Mezler, Das darf doch nicht wahr sein, In: Bundschuh-Schramm 180–191).

Diese Modelle zeigen das Bemühen, dem als destruktiv erlebten Geschehen von Trennung und Scheidung ein posi-

tives, Mut machendes, stützendes Ritual gegenüber zu stellen
und mit Texten, Handlungen und Gebets- bzw. Segensworten
Erinnerungen an eine tiefer reichende Bindung zu wecken,
die gegenüber Verlust und Verletzung Halt und Zuversicht
verspricht. Das Ritual wird dabei in der Literatur als Ergänzung zum Gespräch mit Freunden, zur Seelsorge, zur Partner-
schafts- oder Familienberatung oder zur Psychotherapie von
den durch Verlust traumatisierten Einzelnen gesehen. Diese
gegenseitige Ergänzung von Beratung und Ritual erscheint
besonders hilfreich. In der Beratung wird das Geschehen
analysiert und aufgearbeitet und die Betroffenen werden ge-
stützt, an ihre Ressourcen erinnert, zu neuen Perspektiven
geleitet. In der Seelsorge werden die religiösen Fundamente
aufgesucht und das Vertrauen auf eine tiefgründende Beziehung bestärkt. Im Ritual wird die mehr unbewusste Bindung
berührt und als Strukturierung und Halt benutzt. Gerade die
formale Gestalt des Rituals und die Einbettung der Beziehungen in sie wird als entlastend empfunden.

Auch wenn in vielen Trauungen bis heute ein Versprechen
gegeben wird »bis dass der Tod euch scheidet«, wird es Trennungen und Scheidungen geben, die den Plan des gemeinsamen Lebens durchkreuzen und von daher schon einen Angriff
auf das Selbstwertgefühl darstellen. Christliche Seelsorge und
auch ein Ritual, das nicht nur rechtlich verstanden wird, sind
nicht als Entwertung der Trauformel zu sehen, sondern als
Rücksichtnahme auf den neuen Zustand des verletzten und
gekränkten Menschen, der nach einer neuen Beziehung zur
Welt und zu Gott sucht. So wird ein Gottesdienst anlässlich
von Trennung und Scheidung vermutlich keine liturgisch zu
gestaltende Regel werden, sondern eher eine lebensdienliche
Segenshandlung für entmutigte und verunsicherte Menschen.

4.9 Erreichung der Lebensmitte, Wechseljahre, Erschöpfung und neue Perspektiven

Was Erikson als »Generativität« beschreibt (s. o.), muss nicht allein Elternschaft bedeuten. Kennzeichnend für die Lebensmitte, also das Alter zwischen 35 bis 55 Jahren ist die Funktion für die Gesellschaft. Entscheidend sind die Bereitschaft, aus seinem Leben etwas zu machen und etwas weiterzugeben, was anderen (vor allem der nächsten Generation) hilft:

– Aktivität und Produktivität
– Berufliche Weiterentwicklung, Karriere
– Erziehung der Nachkommenschaft
– Selbständige Lebensgestaltung
– Bewusste Vorsorge
– Mitwirkung in Gemeinwesen und Gremien
– Fürsorge für diejenigen, die auf Hilfe angewiesen sind
– Entwicklung einer neuen Spiritualität
   (vgl. Ziemer 262, Riess, 250).

Erikson (s. u.) hat die krisenhafte Herausforderung dieser Lebensphase mit dem Titel »zeugende Fähigkeit versus Stagnation« überschrieben. Es geht ja nicht nur voran in dieser Zeit. Es gibt Erschöpfungszustände und Ausgebranntsein. Die eigenen biologisch begründeten Grenzen werden entdeckt. Stagnation und Erschlaffung werden gefürchtet. Selbst die Elternschaft schützt nicht vor solchen Bedrohungen der Schaffenskraft und der Hoffnung. Manche Eltern scheinen gerade die Fähigkeit der Fürsorge nicht erlangt zu haben, weil sie selbst keine nachhaltige Fürsorge erfahren haben oder weil sie allzu sehr bei sich bleiben oder weil ihnen der Glaube und das Vertrauen in die Möglichkeiten des Menschen und die Unterstützung durch Gott fehlen.

In der TV-Komödie »Die Suche nach dem G-Punkt«(D 2008, Regie Sharon von Wietersheim) ist der Ehemann in einer jungen Familie mit zwei Kindern zu einem narzisstisch auf sich selbst bezogenen Macho mutiert, der sich weder für die Belange seiner

Frau noch die seiner Kinder interessiert und das auch kundgibt,
während er am Frühstückstisch die Zeitung liest. Nur der beruf-
liche Erfolg beschäftigt ihn, aber die Karriere ist schon auf dem
Höhepunkt angelangt: was soll er jetzt noch erreichen wollen?
Weder die pubertären Fragen des 14jährigen Mädchens noch
die Spielwünsche seines kleinen Sohnes werden von ihm ernst
genommen. Unverhohlen kritisiert er die Gewichtszunahme sei-
ner Frau, obwohl er selbst auch Bewegung gebrauchen könnte.
Nach einem Beinbruch der Ehefrau ist er allerdings gezwungen,
den Haushalt weiter zu führen, begegnet der Kränkungswut
seiner Tochter und der Traurigkeit seines Sohnes und macht
sich Gedanken, ob seine Frau vielleicht schon einen anderen
Verehrer hat. Die Angst, sie zu verlieren, treibt ihn nun an, ihr
zu imponieren und um sie zu werben, was ihr nach anfängli-
chem Erstaunen auch gefällt. In diesem Fall geht die drohende
Trennung noch an ihm vorbei und es kommt zum Happy-End
der Familie.

Diese märchenhafte Geschichte erzählt etwas von Menschen
in der Lebensmitte. Der Protagonist ist allerdings zunächst
einer, der nicht bereit ist, etwas weiter zu geben, seinen Beruf als generatives Schaffen zu verstehen, die Nachkommen
in ihrer Entwicklung zu unterstützen und für die Familie zu
sorgen. Dazu braucht es erst einmal eine Krise, die ihn um-
wandelt. Er erkennt, dass er auf dem Weg in die Sackgasse
ist, dass für ihn alles ohne Bedeutung zu sein scheint, dass
das Leben aus der Familie und aus ihm auszuwandern droht.
Viele Eheleute in den mittleren Jahren, die in die Beratung
kommen, haben in ähnlicher Weise das Gefühl, dass die Luft
raus ist aus ihrer Partnerschaft, dass sie den Zugang zum Anderen verloren haben. Gerade, wenn ein pubertierendes Kind
dabei ist, wird das auch formuliert, weil dieses sich nur auf
eigene Füße stellen kann, wenn die Eltern ein einigermaßen
geregeltes Miteinander haben. Da muss der nur auf Selbst-
verwirklichung achtende Elternteil befürchten, dass ihm mit
Hass begegnet wird.

Krisenerfahrungen von Frauen und Männern in der Lebensmitte

Mit dem Nachlassen der Sexualhormonproduktion beginnt bei Frauen zwischen 40 und 50 Jahren das Klimakterium. Der Eizellvorrat geht zu Ende. Die Menopause, also die letzte Regelblutung findet durchschnittlich bei Frauen zwischen 50 und 52 Jahren statt. Danach kommt es für ein Jahr zu keiner weiteren Menstruationsblutung. Die sogenannten Wechseljahre bringen für viele Frauen körperliche und seelische Probleme mit sich. Nur etwa 5 % bemerken keine Veränderungen. Mit dem Sinken des Östrogenspiegels stellen sich bei vielen Frauen unangenehme Beschwerden wie Hitzewallungen und Schweißausbrüche, depressive Verstimmungen mit Weinattacken und Unzufriedenheit, aber auch Schlafstörungen und Unwohlsein ein. Zudem leiden manche Frauen unter Gelenkschmerzen und es wird Osteoporose (zunehmende Unflexibilität der Knochen) bei ihnen diagnostiziert. Die Figur verändert sich, Haare können ausfallen, die Faltenbildung nimmt zu. Man sagt, dass ein Drittel der Frauen Beschwerden, ein weiteres Drittel sogar große Beschwerden hat. Der sexuelle Verkehr ist beeinträchtigt durch die dünner und trockener werdenden Schleimhäute der Vagina. 20 % der Frauen berichten allerdings auch von einem sinnlicheren Erleben der Liebe (zweiter Frühling). Die genannten Beschwerden führen häufig auch zu psychosozialen Krisen, weil die Lust zum Umgang mit der Umwelt abnimmt oder die Paarbeziehung unter den Einschränkungen leidet.

Das Klimakterium, das sich zunächst schleichend einstellt, ist einer der wichtigen Lebensübergänge der Frau in mittleren Jahren. Es gilt, sich von der Fähigkeit zu Schwangerschaft (also einem Teil der Generativität) zu verabschieden und einen körperlichen, aber dann auch seelischen Umbruch zu erleben, bevor es wieder möglich erscheint, die neue Situation anzunehmen und sich ihr anzupassen. Auch wenn die spontane Lust auf Sexualität abhanden gekommen zu sein scheint, ist Sexualität an sich nicht erledigt. Die Lust kommt nun beim

Erleben von Nähe und Zuwendung, bei Entspannung und Vergnügen. Dabei kommt es natürlich auf das Selbstbewusstsein der jeweiligen Frau an. Das Klimakterium fällt häufig mit dem Flüggewerden der Kinder zusammen (empty-nest-Situation). Die Silberhochzeit weist auch auf die ersten silbernen Haare hin. Insofern setzt eine Trauer über das Vergehen von Fruchtbarkeit und Mutterschaft, von Jungsein und Vitalität ein (vgl. Schaudig/Schwenkhagen 2007).

Die Auseinandersetzung mit dem Älterwerden führt häufig auch zu einer Bestandsaufnahme in der partnerschaftlichen Beziehung. Nachdem der Mann während des Aufwachsens der Kinder Zeit zum Aufbau der beruflichen Karriere hatte, bringt die Frau nun ihre Lebensgestaltungsvorstellungen deutlicher ein und verunsichert den Partner. Das Gespräch, das bis dahin vernachlässigt wurde, und manche Anzeichen von Gewöhnung führen zu Seitensprüngen aus der Frustration heraus. Eine Art Torschlusspanik führt zu schnellen Entscheidungen, die auch das Ende der Beziehung bedeuten können.

Für den Mann ist das Nachlassen der physischen Leistungsmöglichkeiten ein Problem, das ihn in der Mitte des Lebens plötzlich oder auch schleichend überfällt. Die Müdigkeit am Arbeitsplatz nimmt zu, Konzentrationsmängel, die es vorher nicht gab, häufen sich. Abends merkt der Mann eine Zerschlagenheit, die ihn zu Rückzug und Bequemlichkeit verleitet. Mancher kämpft nun gegen die Gewichtszunahme an und versucht mit Sport und Aktivität fit und attraktiv zu bleiben. Die Angst vor dem Altwerden verbindet sich mit Selbstwertzweifeln, die bis an den Rand der Depression führen können.

Für den Sprachwissenschaftler Perlmann, einen Mann in mittleren Jahren, haben die Dinge keine Gegenwart mehr. Angstvoll blickt er dem Zeitpunkt entgegen, an dem er mit einem Thema von gesellschaftspolitischer Bedeutung aufwarten muss – in einer Konferenz, die er selbst mit illustren Kollegen bestückt hat. Dabei ist ihm doch die Fähigkeit wissenschaftlich zu arbeiten abhanden gekommen. Er kann nicht mehr die bedeutenden Fragen aufwerfen. Seine Studenten verehren ihn zwar noch, aber er selbst erlebt bei sich nur Floskeln und Klischees und fürchtet, dass die anderen das über kurz oder lang auch entdecken werden. Die hohen Erwartungen der anderen überzeugen ihn umso mehr davon, dass er aus sich heraus nichts mehr leisten kann, obwohl er doch in der Vergangenheit hohes Lob, Bestätigung und Preise erhalten hat. Er könnte den Tod seiner Frau Agnes dafür verantwortlich machen, aber er weiß, dass seine Gewissheit, etwas Großes leisten zu können, schon vorher zu bröckeln begann.

In Pascal Merciers Roman »Perlmanns Schweigen« wird die Erosion der intellektuellen und emotionalen Möglichkeiten eines Menschen auf dem Höhepunkt seiner Karriere deutlich. Mit der Lust am Forschen und Schreiben schwindet auch sein Selbstbewusstsein. Er kann nicht mehr die Gegenwart genießen, weil die Furcht vor Entlarvung seines vermeintlichen Versagens ihn umtreibt. Der Gegenwartsverlust nimmt ihm die Möglichkeit auszuruhen, sich zurückzuziehen, ja nimmt ihm sogar den Schlaf.

Einbrüche in die Selbstverständlichkeit und Leichtigkeit des Seins gibt es bei vielen Menschen in den mittleren Jahren. Sie werden diagnostiziert als Erschöpfungssyndrom oder depressive Verstimmung, aber es sind im Grunde auch Identitätskrisen am Übergang vom Höhepunkt der Schaffenskraft zur Abnahme der geistigen und körperlichen Kräfte. Der Weg in die psychosoziale Krise, in der die Generativität auf die Stagnation stößt, ist für manchen wie auch Perlmann ein schleichender Prozess, der lange Zeit verleugnet wird und umso härter das Selbstwertgefühl trifft. In heutiger Zeit kommt unter Umständen eine äußere Krise mit Entlassung aus dem Dienst und Arbeitslosigkeit dazu, die den Mann in seinem Selbstverständnis entwurzelt. Wer bin ich?, Wo gehe ich hin?, Wofür lebe ich? Das sind einsame Fragen in einer Sinnkrise der mittleren Jahre, die Margot Käßmann als Wüstenzeit beschrieben hat. Sie weist darauf hin, dass Wüste in der Bibel für die Einsamkeit und das Selbst steht. In der Wüste ist der Mensch auf sich selbst geworfen. Hier kommt er zu Selbst-Erfahrung und Gottes-Erfahrung (Käßmann, 62). Die Wüste ist so der symbolische Ort für den Lebensübergang, in dem der Mensch gezwungen ist, auf sich selbst und auf die innere Stimme zu hören, aber auch Gottes Nähe zu erfahren.

Zu den Erfahrungen der Lebensmitte gehört es übrigens auch, dass die eigenen Eltern sterben. Damit wird ein Abschied vom Gefühl des Kindseins eingeleitet und das Empfinden, nun ganz allein verantwortlich zu sein, aber auch selbst auf den Abschied vom Leben zuzugehen. Dies stellt einen Lebensübergang in die Generation der Ältesten dar.

4.10 Berentung, Ruhestand, Abschied und Neuanfang

Auch das Altern hat mit Trennungsriten, Umwandlung und Wiedereingliederung zu tun. Mit dem Ruhestand ist eine Möglichkeit gewonnen, alles etwas ruhiger angehen zu lassen. Dazu ist ein Mensch aber nicht sogleich bereit. Das, was er beispielsweise im Ritual der Verabschiedung aus dem Dienst erlebt hat – die Trennung von der aktiven Zeit seines Dienstes für den Arbeitgeber – wird u. U. zunächst durch viele neue Aktivitäten verdeckt, die ihm das Gefühl geben, voller Kraft und Elan zu sein und es den Jüngeren zeigen zu können. Reisen in die Welt werden gemacht, die sich mancher Jüngere nicht getraut hätte.

Ein 65jähriger erfüllte sich gleich nach Eintritt in den Ruhestand einen Traum: er fuhr mit dem Fahrrad nach Jerusalem ungeachtet der Gefahren, die das bedeutete. Ein Anderer hatte sich vorgenommen, mit dem Segelboot um die Ostsee zu fahren, was ihm auch gelang. Von einer 70jährigen las ich in der Zeitung, dass sie ihre Promotion an der Universität erfolgreich abgeschlossen hatte.

Die Welt scheint für manche im Alter erst richtig offen zu werden. Nun ist Zeit, Träume zu verwirklichen und die Freiheit zu genießen. Andererseits ist der Lebensplan nicht mehr so klar und nach Erreichung der beruflichen Zielgerade ist er auch nicht mehr von außen vorgezeichnet. So muss sich der älter werdende Mensch einer Bilanzierung stellen, seine Ideale und Ziele überprüfen und modifizieren (Peters 2008, 92). Er muss lernen, sich von bestimmten Vorstellungen zu trennen und Abstriche von seinen Zielen machen. Dieses Loslassen bedeutet Trennung, Verlust und Trauer. Auch hier ist ein Dreischritt vonnöten: nach einem Trauerprozess, der bewusst vollzogen wird, gibt es eine Umwandlung, bei der die Verlangsamung der Bewegung, die geringer werdende Flexibilität und die abnehmende Potenz nicht mehr betrauert werden müssen, sondern einer neuen Einstellung weichen: der Freude an dem, was man in Ruhe schauen kann, der Genugtuung über die Weisheit, die durch Offenheit, Reflexivität, Authentizität und Überblick zustande kommt und der den ganzen Menschen umfassenden Zärtlichkeit. Nach dieser Umwandlung kann sich der alte Mensch wieder als ein wichtiger Teil der Gesellschaft integrieren und mit seinen Möglichkeiten einverstanden sein. Das gelingt nicht allen und macht bei manchen auch noch einmal eine Auseinandersetzung mit der eigenen Vergangenheit notwendig, die im Alter wieder näher rückt (aaO, 100), vielleicht sogar eine Versöhnung mit der Jugend, die nicht mehr kommt. Rückerinnerungen müssen nicht nur Wehmut erzeugen, sondern können auch neue Möglichkeiten eröffnen: »Sich die eigene Lebensgeschichte erzählend anzueignen stellt eine wichtige Ressource für das Alter dar« (aaO, 102). Das stärkt das Selbstbewusstsein, schafft Beziehungen zu den anderen (z. B. Enkelkindern), stellt familiäre und persönliche Kontinuitätserfahrungen her. Die Perspektive eines relativ selbst bestimmten Lebens wird häufig als neue Freiheit verstanden. Sie stärkt ein Gefühl von Unbekümmertheit und Gelassenheit, manchmal auch eine »Nonchalance« (Lässigkeit, Unbekümmertheit, Fahrlässigkeit) im Sinne des Wegfalls von diplomatischer Anpassung und Flexibilität und einer Offenheit, die bisweilen bis hin zur Unverschämtheit geht.

Arbeit wird in unserer Gesellschaft als Tugend verstanden. Sie ist Ausdruck von Aktivität und Vitalität. Arbeit »los zu sein« beinhaltet also die Gefahr, Selbstwert und Anerkennung zu verlieren (vgl. Schopper 2010, 11). Auch wenn hier von Arbeitslosigkeit die Rede ist, macht der Satz deutlich, dass der Ruhestand (auch der nicht erzwungene) ein Risiko beinhaltet.

Bevor ich in den Ruhestand ging, fragte ich einen schon pensionierten Pastoren, was er denn als Verlust erlebe. Nachdem er die Wonnen des Ruhestands noch einmal hervorgehoben hatte, sagte er nachdenklich: »Du musst Dich im Ruhestand damit auseinandersetzen, dass Du nicht mehr so viel Bedeutung hast. Ich habe mich immer für unentbehrlich gehalten und deshalb auch viel gearbeitet. Jetzt merke ich, dass ich von einem Tag auf den anderen nicht mehr gebraucht werde. Mein Einsatz ist nicht notwendig. Es gibt andere, die meine Funktion ersetzen – auch wenn sie das ganz anders machen, als ich es tun würde. Das hatte ich mir vorher nicht so vorgestellt.«

Auch wenn der Befragte noch genügend Aktivitäten hatte, die ihm Lebenssinn und Freude machten, kann man ermessen, dass manche Menschen nach der feierlichen und ehrenvollen Verabschiedung gefühlsmäßig in ein Loch fallen, zu Hause herumsitzen und nichts mit sich anzufangen wissen oder gar tägliche Gänge in Richtung ihrer ehemaligen Wirkungsstätte machen. Man merkt ihnen an, dass sie die Struktur und die Orientierung durch alltägliche soziale Kontakte verloren haben, und damit auch die soziale Kontrolle, die andere ihnen geboten haben. Sie sind frei von den Verpflichtungen eines Arbeitsplatzes, aber sie wissen mit dieser Freiheit noch nichts anzufangen. Außerdem wird in der gewonnenen Zeit der Selbstbesinnung auch die Abnahme der körperlichen Kräfte deutlich. Sie werden anfällig für Krankheiten. Das Bewusstsein, in die letzte Phase des Lebens eingetreten zu sein, ruft eher Gedanken hervor, dass es nun bergab geht und dass die Krankheit ein Bote des Todes ist. Bei denen, die schwer erkranken, werden die Lebensmöglichkeiten eingeengt, sie sind nicht mehr in der Lage durch die Welt zu spazieren, können sich u. U. nur noch mit pflegerischer Hilfe bewegen. Dadurch gehen ihnen wiederum soziale Bezüge verloren. Die Zahl der Menschen, die früher alle für sie zur Verfügung standen, wird geringer. Manche spüren die Verlangsamung der Reaktionen und Bewegungen als nachlassende Flexibilität. Auch das Nachlassen der geistigen Regheit (schlimmstenfalls auch durch frühe Demenz oder die Alzheimer Krankheit) vermindert den Selbstwert und kann zu Aggressivität und sogar Suizidalität führen.

Wer sich vor dem Ruhestand um Alternativen zum beruflichen Tun und dessen narzisstischer Bestätigung bemüht hat, der wird noch Halt in Gewohnheiten und Routinehandlungen im Alltag finden. Selbst die Routine kann ja als ein Alltagsritual verstanden werden, das bei Menschen hilft, die durch Kränkung oder Traumatisierung aus dem Takt gekommen sind. So berichtet etwa eine Ärztin, die im Afghanistan-Krieg traumatisiert wurde, dass ihr die Routine des Haushalts langsam wieder auf die Beine geholfen habe. An und für sich gibt es für Menschen, die zu ehrenamtlicher Tätigkeit bereit sind, auch viele Betätigungsmöglichkeiten. Auch sie verhelfen dazu, dem Tag wieder eine Struktur zu geben, eine Perspektive für morgen zu haben und einige Rituale (Tee-Zeremonie, täglicher Spaziergang, wöchentliches Schwimmen oder Wandern, Kartenspiel mit Freunden) bewusst einzurichten. Kirchengemeinden bieten zudem neben den Gottesdiensten auch Frauennachmittag, Männerfrühstück, Glaubenskurs, Vorbereitung von Gemeindefesten, Chorarbeit u. a. an. Hier werden also Struktur gebende Rituale angeboten. Sie haben den Vorteil, dass in ihnen auch das Leben mit anderen reflektiert werden kann, die Teilnehmer sich nicht allein fühlen müssen und eine Versöhnung mit den eigenen (vergangenen und bestehenden) Möglichkeiten gelingen kann.

Manche nutzen auch die Zeit, um Haus und Hof in eine

neue Ordnung zu bringen und längst notwendige Arbeiten
im Garten zu erledigen.

*Für einen 65jährigen Landwirt, der durch körperliche Be-
hinderung früh in Rente gehen musste, war die Situation des
Hausmanns, der von seiner Frau auf unaufgeräumte Ecken im
Hause hingewiesen wurde, kränkend und unerträglich und er
wehrte sich mit wütenden Attacken. Die Beziehung zu seiner
selbstbewussten, noch berufstätigen Frau, die sich häufig mit
ihren Freundinnen traf und so ein gewisses Eigenleben hatte,
wurde immer schwieriger. Schließlich trennte sie sich von ihm
und zog in eine eigene Wohnung. Obwohl auch er inzwischen
die Trennung bevorzugte, belasteten ihn der Auszug seiner Frau
und der Streit mit ihr so, dass er suizidale Gedanken hatte und
an sich zweifelte. Er nahm eine Beratung in Anspruch, in der er
das Gespräch als Möglichkeit der Selbstvergewisserung und des
Aufbaus von Selbstbewusstsein entdeckte.*

In manchen Krisen älterer Menschen genügt es, wenn ein
anderer ihnen in der Seelsorge oder Beratung (also ohne
persönliche Vorteile zu genießen) zuhört, ihre Ängste wohlwollend und gelassen wahrnimmt, sie auf ihre Ressourcen
hinweist und ihnen ein Stück Würde wiedergibt. Diese offene
Annahme, und der Raum zur Weiterentwicklung der eigenen
Persönlichkeit, können auch ihren Glauben an Gott wieder
stärken.

Der sechste Bericht zur Lage der älteren Generation in der
Bundesrepublik Deutschland aus dem Jahre 2010 sieht die
Gesellschaft in der Pflicht, neue Felder selbstverantwortlicher
Betätigungen zu entwickeln. Dazu zähle, neue Rituale für Äl-
tere zu entwickeln, die sie auf ihren (neuen) Wegen begleiten
(222). Für die Entwicklung solcher Rituale wie auch für die
Einschätzung des Stellenwerts von Beratung und Seelsorge
ist aber auch ein Umdenken notwendig. Neben dem defizi-
torientierten Vorsatz, den Mühseligen und Beladenen eine
Hilfe zu geben, also denen, die »nicht mehr können«, weil

sie beispielsweise immobil geworden sind (Ergänzungspara-
digma) oder dem ressourcenorientierten Vorsatz, sie in der
Umsetzung ihrer Wünsche und Fähigkeiten als Ruheständler
zu fördern (Förderparadigma), muss der anerkennende Blick
auf die Kompetenzen und den Aufbruch von Alten überhaupt
gerichtet werden, die selbstverständlich z. B. als Ehrenamtli-
che eingesetzt werden, ohne dass es hierfür besondere Aufmerksamkeit gibt bzw. ohne dass dies das Bild von den Alten
prägt (vgl. Klostermeier, 375–379).

4.11 Sterben und Hoffen

*Der 58jährige Manfred kommt, nachdem er die Diagnose
Bauchspeicheldrüsenkrebs erhalten hat, einige Monate lange zu
mir in die Beratung. Er ist sich des nahenden Todes bewusst,
möchte nicht unbewältigte Geschichten, wie das ungeklärte Verhältnis zu seinem Sohn, zurücklassen und möchte sowieso Klarheit darüber haben, was ihn bewusst und unbewusst umtreibt
und am Abschied vom Leben hindert. Da ist die Beziehung zu
seiner Frau, die ihre Karriere für ihn aufgegeben hat und der
gegenüber er nun, da er sie bald allein lassen muss, Schuldgefühle hat. Er freut sich daran, bei den Aufenthalten in der
Klinik andere Patienten aufzurichten und ihnen seelsorgerliche
Hilfe anzubieten. Angesichts des Todes hat er Angst, die Würde
und den Glauben zu verlieren, vor allem wenn die Schmerzen
zu groß werden. Er bereitet selbst bis zuletzt Besuche vor und
verabschiedet seine Besucher auch von sich aus, wenn ihm danach ist. Er möchte selbst bei der Ausrichtung seiner Bestattung
vorbereitend mithelfen und sucht fröhliche Lieder und Texte
aus, die den Besuchern der Trauerfeier Mut machen sollen.*

In diesem Beispiel sind wir beim letzten Übergang, nämlich
dem vom Leben zum Tod angelangt. Manfred gelingt darin
das fast Übermenschliche, wenn er diesen Übergang nicht
nur bearbeitet und sich mit Hilfe des Beraters innerlich da-

rauf vorbereitet, sondern auch noch selbst inszeniert. Positiv ist daran hervorzuheben, dass er an der Schwelle zu einer neuen Seinsform bewusst mit den Folgen der Veränderung für sich selbst, aber auch für die Menschen in seiner Umgebung (Söhne, Frau, Freunde, andere Patienten) umgeht. Seine Haltung und sein Tun haben so etwas von einem Vermächtnis für das Denken und Handeln seiner Umwelt. Der Blick auf den Ritus, der ja eigentlich eine Hilfe für die Angehörigen sein soll, wird auch für ihn eine positive Perspektive des Sterbens.

In dem Film »Alexis Zorbas« gibt es eine rührende Szene des Sterbens. Die alte Dame liegt im Bett und ist todkrank. Die Freunde sind bei ihr. Draußen vor der Tür aber lauern die weiblichen Dorfbewohner, die mit einer Mischung aus Sensationsgier, Betroffenheit und Angst vor der Macht des Todes darauf warten, dass es so weit ist. Als die Sterbende scheinbar keinen Atemzug mehr macht, stürzen sie ins Zimmer, um laut zu klagen und zu schreien und dem Schmerz und gleichzeitig der Macht des Lebens und des Rituals am Ende Raum zu schaffen. Aber die Sterbende macht noch einmal die Augen auf, die Frauen stutzen, eilen wieder aus dem Raum. Es ist noch einmal Zeit für Ruhe und Abschiednehmen. Das Leben hat eine letzte Chance, der Tod ist aufgeschoben.

Dieser Aufschub, spielt auch in manchen Märchen und Geschichten eine Rolle (Märchen: Der Gevatter Tod; Oper: Don Giovanni u. a.). Er kennzeichnet die Vitalität und Macht von Überlebenswünschen des Menschen selbst und seiner Umgebung. Während das Trennungsritual, bei dem bestellte Klageweiber den Tod verkünden und beklagen, die Endgültigkeit des Todes feststellt und veröffentlicht, ist der geheime Wunsch, dass es weitergehen möge, bei den Menschen vorherrschend.

In unserer Kultur gibt es dafür ebenfalls religiöse und nichtreligiöse Zeugnisse. Der Bericht über Nahtoderlebnisse (NTE) möchte einen Blick über die scheinbar unüberwindbare Grenze des Todes werfen und hat tatsächlich beruhigende Aussichten parat. Es wird von Lichterfahrungen, Wärme, Geborgenheitsgefühlen, vom Heraustreten aus dem eigenen Körper, ja vom Treffen mit anderen Verstorbenen berichtet (Moody 1982). 4.3 % aller Menschen in Deutschland haben angeblich (so eine Fernsehreportage 2011) eine Nahtoderfahrung. Sie berichten, dass sie seitdem bewusster und aufmerksamer leben. Ein Gefühl von Ganzheit und Frieden und Erfüllung hat sie nach dem Erlebnis bestimmt. Ähnlich positiv berichtet C. G. Jung in seiner Autobiografie von einer Nahtoderfahrung, die er als Achtundsechzigjähriger wegen eines Herzinfarktes erlebte. In der Folge hatte er häufiger ekstatische Traumvisionen: »Es erschien mir, als befände ich mich hoch oben im Weltraum. Weit unter mir sah ich die Erdkugel in herrlich blaues Licht getaucht. Ich sah das tiefblaue Meer und die Kontinente. Tief unter meinen Füßen lag Ceylon, und vor mir lag der Subkontinent von Indien. Mein Blickfeld umfaßte nicht die ganze Erde, aber ihre Kugelgestalt war deutlich erkennbar, und ihre Konturen schimmerten silbern durch das wunderbare Licht.« (C. G. Jung, Erinnerungen, Träume, Gedanken, 293, zit. nach Hark, 102f.). Diese Vision unterscheidet sich zwar in den Inhalten, nicht aber in der Schilderung des Erlebens von »Außer-sich-sein« und Schweben, Lichterleben und ruhiger Zufriedenheit von anderen Berichten.

Ein neunjähriges Mädchen machte während einer Blinddarmoperation ein Todesnähe-Erlebnis durch. Die Ärzte begannen sofort mit der Wiederbelebung, ein Vorgang, den sie auf einmal von einem Beobachtungsposten außerhalb ihres Körpers mit ansah. »Ich hörte sie sagen, mein Herz habe aufgehört zu schlagen, aber ich war oben an der Decke und schaute herunter. Ich konnte von dort alles sehen. Ich schwebte dicht unter der Decke, und als ich meinen Körper sah, wusste ich erst nicht, dass ich das war. Dann merkte ich es, weil ich meinen Körper erkannte. Ich ging hinaus auf den Gang und sah meine Mutter weinen. Ich fragte sie, warum sie weinte, aber sie konnte mich nicht hören. Die Ärzte dachten, ich sei tot. Dann kam eine schöne Frau und half mir, denn sie wusste, dass ich Angst hatte. Wir

gingen durch einen Tunnel und kamen in den Himmel. Da
waren wunderbare Blumen. Ich war bei Gott und bei Jesus. Sie
sagten, ich müsse zurück zu meiner Mutter, weil sie verzwei-
felt sei. Sie sagten, ich müsse mein Leben zu Ende leben. Dann
bin ich zurückgekommen und aufgewacht. Der Tunnel, durch
den ich kam, war lang und sehr dunkel. Ich sauste ganz schnell
hindurch. Am Ende war ein Licht. Als wir das Licht sahen, war
ich sehr froh. Ich wollte schon lange wieder zurück. Ich möchte
jetzt immer noch zu diesem Licht zurück, wenn ich sterbe. ...
Das Licht war sehr hell.« (Raymond A. Moody: Das Licht von
Drüben, Neue Fragen und Antworten. Reinbek, 1989. Zit. nach
http://de.wikipedia.org/wiki/Nahtod-Erfahrung, August 2011).

Auch wenn die meisten Mediziner diese Erfahrungen auf den
Sauerstoffverlust zurückführen, der autoskopische Halluzina-
tionen erzeugen kann, bleibt die Erfahrung der Menschen mit
Nahtoderlebnissen ein Zeugnis für einen Umwandlungspro-
zess, der das anfängliche Leugnen und die Trennung ablöst
und zur Annahme des Sterbens als Teil des Lebens beiträgt.
Dies wiederum führt bei den Betroffenen zu einer gelassenen
und ruhigen Lebenshaltung.

Die Erfahrung des Lebens an der Grenze zum Tod führt zu
Trennung, Umwandlung und Wiederangliederung. Auch die
Riten bei diesem Lebensübergang beinhalten diese Schritte.
Das gilt schon seit frühen Zeiten: »Die Handlungen, die vom
Sterbenden vollzogen werden, nachdem sein nahes Ende sich
angekündigt hat – er ruht mit dem Gesicht zum Himmel,
gen Osten gewendet, die Hände auf der Brust verschränkt –,
haben einen zeremoniellen, rituellen Charakter.« (Aries, 29).
Zu den rituellen mündlichen Beiträgen am Ende gehören das
Glaubensbekenntnis, die Beichte der Sünden, die Bitte um
Verzeihung für die Hinterbliebenen, die frommen Verfügun-
gen zu ihren Gunsten, die Empfehlung der eigenen Seele an
Gott, die Wahl des Grabes (ebenda.). Auch das letzte Abendmahl gehört zum Ritus dazu.

Als Gemeindepfarrer habe ich selbst einige Male erlebt,
dass sterbenskranke Menschen oder ihre Angehörigen um ein

Sterberitual, meist das Abendmahl gebeten haben. Im Ritus wird eher eine Einladung zum Leben in der Gemeinschaft mit Christus und den Christen als eine direkte Vorbereitung auf den Tod gegeben. Das erscheint auch sinnvoll.

Die 95jährige Frau ließ mir durch ihre Angehörigen mitteilen, dass sie bereit zum Sterben sei und von mir das Abendmahl im Kreis ihrer Angehörigen empfangen wollte. Als sie noch zu Hause gelegen hatte, war ich schon einmal zum Gespräch gekommen und sie hatte mich auf ihren Wunsch vorbereitet. Wir hatten über ihre Erwartungen hinsichtlich des Abendmahls gesprochen. Nun war sie stationär aufgenommen worden. Ich fuhr zu dem verabredeten Termin in die Klinik und traf die alte Dame und ihre Familie an. Eine Kerze brannte schon. Ich zog den Talar an und stellte das Abendmahlgeschirr auf. Ich klärte mit den Angehörigen, ob sie mit der Angehörigen am Mahl teilnehmen wollten. Das wollten sie. Ich begann mit der Einleitung »Im Namen des Vaters und des Sohnes und des Heiligen Geistes.« Nach der Verlesung eines Psalms (die alte Frau hatte sich den Psalm 23 gewünscht) wurde die Feier kurz durch eine Krankenschwester gestört, die hereinkam, um das Essensgeschirr herauszuholen. Sie tätschelte der Greisin im Vorbeigehen die Wange und sagte »Aber wir wollen doch noch nicht sterben, oder?«. Das irritierte mich und die Angehörigen zwar, aber wir setzten die Feier in der Gewissheit weiter fort, dass Klinikangehörige von Natur aus immer auf der Seite des Lebens sein müssen, wir aber die Vorbereitung auf den Tod im Sinne der offenbar Sterbenden vollziehen wollten. Das Sündenbekenntnis hatte eine kurze Form: »Wir bedenken in der Stille unser Leben. Wir bringen vor dich, Gott, was uns belastet, was uns von dir und anderen trennt. – Stille – So spricht Gott, der Herr: Euch, die ihr meinen Namen fürchtet, soll aufgehen die Sonne der Gerechtigkeit und Heil unter ihren Flügeln (Mal 3,20a)«. Nach Abendmahlsgebet, Einsetzungsworten und Austeilung des Abendmahls erfolgte das abschließende Fürbittengebet und das Vaterunser und der Segen: »Der treue und barmherzige Gott segne dich. Er führe dich vom

Tod zum Leben, von der Verzweiflung zur Hoffnung, von der Angst zum Trost. Sein Frieden erfülle unsere Herzen, unsere Welt und das All«. Am Schluss stimmte ich das Lied »Unsern Ausgang segne Gott« an. Es herrschte eine ruhige, besinnliche Stimmung. Ich verabschiedete mich in der Erwartung, bald die Todesnachricht zu erhalten. Aber ich wurde noch einige Male zum Seelsorgegespräch eingeladen, weil die Dame bald nach unserer Begegnung aus der Klinik nach Hause entlassen wurde. Sie lebte noch ein weiteres Jahr und starb dann daheim an einem Herzversagen.

In dieser rituellen Feier sind Worte zur Trennung und zur Bewältigung der Erinnerung an das Leben gefallen. Das gemeinsame Mahl und die Ruhe bei seiner Einnahme hatten auf die anwesende Familie und mich eine verbindende Wirkung und symbolisierten die stärkende Gegenwart Gottes, die durch Essen und Trinken von Brot und Wein verstärkt wurde. Vaterunser und Segen lenkten den Blick in eine Zukunft, die ebenfalls Hoffnung auf die Begleitung Gottes ausdrückte und eine Perspektive in eine neue Lebenswelt eröffnete. Der Ritus wurde vorbereitet und in diesem Fall auch nachbereitet mit seelsorgerlichen Gesprächen.

Neben der Feier des Abendmahls (Texte nach Agende IV: Die Bestattung hrsg. Landeskirchenamt der Evangelischen Kirche von Kurhessen-Waldeck, Kassel 2006, 89–96) wird in der evangelischen Kirche auch die Segnung (Salbung) (Jak. 5, 14ff.) im Angesicht des Todes angeboten. Sie dient der Stärkung des Kranken. Sie setzt die Zuwendung Jesu und das Handeln der Jünger fort und zielt auf die Ermutigung der Kranken angesichts von Krankheit und drohendem Sterben. Die Krankensalbung geschieht im Vertrauen auf den heiligen Geist, der die Begegnung mit Gott und den Menschen auch dort ermöglicht, wo Sprachlosigkeit vorherrscht und Antworten auf Leid und Not fehlen (aaO, 97).

Das Sprechen und in diesem Fall die seelsorgerliche Beziehung ist aber das tragende Element für den Ritus. Die entstandene Beziehung sorgt dafür, dass Vertrauen in den Seelsorger und Einfühlung in die Kranke möglich wird. Sie lässt die Hoffnungen und Ängste angesichts von Alter und Krankheit zu Worte kommen. Sie ermöglicht das Gespräch über wichtige unerledigte Lebensthemen. Sie gibt Raum für Geschichten über Gottesnähe und Gottesferne, über das, was an Konflikten besteht und den kranken Menschen zusätzlich belastet, und macht Hoffnung auf Halt und Zukunft über den Tod hinaus. Wenn dies in den Gesprächen vorgekommen ist, ist der Ritus nur noch eine symbolische Zusammenfassung dessen, was die Kranke schon erlebt hat: die Gegenwart Gottes, die Zusage von Vergebung und die bleibende Verbundenheit mit Gott und den Menschen.

Nicht immer verläuft Seelsorge so »ordentlich« und einmütig. Psychologische Berater und Psychotherapeuten wissen, dass die Übertragung des Patienten auch in Widerspruch und Abwehr ausgedrückt werden kann und dadurch wichtige Lebenserfahrungen ausgedrückt und befriedigt werden. Das kann auch eine Abwehr der empfundenen Unmündigkeit und Ohnmacht angesichts des nahenden Todes sein. Die Behauptung von Autonomie und kontrollierender Macht kann wichtiger sein als das geduldige Leiden und das wohl geordnete Sterben. Zudem müssen Seelsorger bzw. Seelsorgerinnen davon ausgehen, dass selbst schwerkranke Menschen die Möglichkeit ihres Todes bis zu seinem Eintritt verleugnen und der Prozess nicht so phasenmäßig verläuft, wie Elisabeth Kübler-Ross das beschrieben hat (Nuland, 337).

Die Seelsorgerin war unzufrieden mit dem Erfolg ihrer ersten Gespräche mit einer Krebspatientin: Die Schwestern hatten sie mit der schwierigen Frau zusammengebracht. Sie hatte Kontakt zu ihr gefunden, aber die Gespräche blieben immer am selben Punkt stecken, nämlich bei der Überzeugung der Kranken, dass Gott sie mit ihrem Schicksal strafen wolle. Die immer wieder vorgetragene Einstellung hatte nahezu masochistisch-quälerische Züge, die die Seelsorgerin erfassten, sie niederdrückten und im Nachhinein in aggressive Opposition brachten. Zudem bestellte die Patientin die Seelsorgerin zu bestimmten Terminen und sagte diese auch u. U. ab, wenn sie in dieser Zeit Gespräche mit Ärzten hatte. Sie zeigte so eine gewisse Macht und gab sich durchaus nicht als bedürftig. Andere Personen in ihrer Umgebung schockierte sie mit ihrer aggressiven Art, sodass diese kein Mitleid mehr mit ihr hatten, sondern sie abzulehnen begannen. Mit den Gesprächen mit der Seelsorgerin war die Frau aber anscheinend zufrieden. Erst kurz vor ihrem Tod bestellte sie die Seelsorgerin ab. Diese fühlte sich ausgenutzt und gekränkt und begann an ihrer Kompetenz zu zweifeln.

Dieses Beispiel zeigt m. E., dass eine seelsorgerliche Begleitung für eine Patientin, die sich Beziehung an den Grenzen des Lebens und der eigenen Kraft befindet, eine wichtige Hilfe sein kann, aber die Helferin auszehren und unzufrieden machen kann, wenn diese keine Verständnishilfen für die psychische Situation der Kranken hat. Die Patientin achtete auf ihre Autarkie und hatte den Willen, so lange wie möglich selber zu bestimmen, was mit ihr geschah. Sie ließ sich nicht zum Opfer ihrer Krankheit, ihrer Pflegerinnen und ihrer Seelsorgerin machen, sondern machte diese eher zu Opfern ihrer aktiven und aggressiven Handlungen. Sie verkehrte damit das, was sie als ihr Schicksal erlebte, in das Gegenteil: Im Erleben von Gottes unerklärlich aggressivem Handeln mit ihr, fand sie Befriedigung darin, ihrerseits andere Menschen leiden zu lassen und das Leid an sich als eine berechtigte und zu ertragende menschliche Lebensform anzuerkennen.

Seelsorge ist häufig ein gemeinsamer Weg, auf dem sich der Seelsorger dem anderen zur Verfügung stellt, sich dem anderen aussetzt, den anderen aushält. Dies gilt besonders in den Schwellensituationen des Lebens. Damit zeigt er seine Bereitschaft, den anderen Menschen anzunehmen, ihn nicht mit Gewalt verändern zu wollen und ihm Geleit zu geben auf dem Weg, den Gott für ihn vorgesehen hat. Diese Form von Seelsorge ist eine nicht immer selbst-befriedigende Form von Arbeit. Sie zeigt aber dem anderen, dass auch ich als Seelsorger bereit bin, die »Wanderung im finstern Tal« mitzumachen und darauf zu vertrauen, dass Gott trotzdem bei mir ist. Diese Bereitschaft wiegt mehr als gekonnte Gespräche.

Solche Form von seelsorgerlicher Begleitung ist möglich, wenn ich als Seelsorger mehr auf die seelische Situation des Gesprächspartners eingestellt bin als auf meine seelsorgerlichen Ziele. Die Fähigkeit, sich dem anderen ohne Bedingungen zuzuwenden, kann der Seelsorger nicht zuletzt beim Psychoanalytiker beobachten und lernen.

Wer in der psychologischen Beratung arbeitet, weiß seine eigenen Empfindungen als Gegenübertragung zu beobachten. Sie geben ihm Rückschlüsse auf die Gefühle und Bedürfnisse seines Gegenübers. Gerade im Umfeld von Übergangssituationen wie z. B. der Schwelle zum Tod werden ambivalente Gefühle geweckt, die nicht immer gleich durchschaubar sind. Hier kann die Wut eine Sehnsucht verdecken, die Machtdemonstration eine nicht aushaltbare Ohnmacht, das Triumphgefühl eine Trauer über die Unumkehrbarkeit des Schicksals.

5. Seelsorgliche Situation und theologische Reflexion: Das Verhältnis des Ritus zu Seelsorge und Beratung

Religiöse Verarbeitung von Übergangssituationen im Leben geschieht nicht nur durch Gespräche. Häufig sind gerade an diesen wichtigen Schwellensituationen rituelle Feiern angesiedelt, die dem nächsten Entwicklungsschritt eine symbolische Bedeutung geben und Halt und Orientierung vermitteln.

Der religiöse Mensch der primitiven Gesellschaften hält sich so wie er auf der natürlichen Existenzebene »gegeben« ist noch nicht für »vollendet«. Um wahrhaft Mensch zu werden, muss er diesem ersten (natürlichen) Leben absterben und zu einem höheren Leben wiedergeboren werden, das ein religiöses und ein kulturelles Leben zugleich ist (Eliade 1998, 162). Diese Umwandlung geschieht in einer Initiation, die letztlich in einer paradoxen, übernatürlichen Erfahrung des Todes, der Auferstehung oder der Wiedergeburt besteht und von den Göttern, den Kulturheroen oder den mythischen Ahnen gestiftet ist (aaO, 162). Die Initiation geschieht im Rahmen eines Übergangsritus. Wilhelm Gräb hat bezüglich der Kasualien der evangelischen Kirche das Religiöse in der Schwellenerfahrung als eine Transzendenzerfahrung bezeichnet: »Die Schwelle, das Liminale, ist die Unterbrechung der Alltagsroutine und somit eine Konfrontation mit der grundsätzlich offenen Möglichkeit des Anderswerdens, also Jenseitserfahrung mitten im Diesseits.« (Gräb, 189).

Unter *Ritus* wird heute allgemein ein sozial festgelegtes, geregeltes Verhalten verstanden. Ein religiöser Ritus aber gilt nicht nur als sozial verabredet, sondern auch als heilig. Der Ritus beruht auf dem menschlichen Bedürfnis nach Sicherheit.

Bereits das Kind legt ja Wert auf die Einhaltung bestimmter Reihenfolgen, von denen nicht abgewichen werden darf. Die genaue Wiederholung ist wichtig und wird zum Muster des Verhaltens (vgl. W. E. Mühlmann in RGG³ 5, 1127). Bis in den aktuellen politischen Bereich hinein wirkt diese rituelle Korrektheit. Der amerikanische Präsident Barack Obama musste seinen Amtseid wiederholen, weil er sich versprochen hatte. Bei dem Eid geht es zwar um inhaltliche Versprechen, aber auch um die genaue Einhaltung des Rituals, das als sichernde Bindung an geltende Regeln und Gesetze und häufig auch an Gott und die Bibel verstanden wird. Sozialpolitisch kann man das Ritual als Macht der Gebärde verstehen. Besonders im katholischen Bereich wird das Ritual mit der Überzeugung durchgeführt, dass es sozusagen eine Selbstwirksamkeit hat. Durch die äußere Ausführung wird eine innerliche ethische Erfüllung eingeübt und allein das Mitmachen wirkt prägend.

Manfred Josuttis hat darauf hingewiesen, dass sich im Gottesdienst die Wirkungskraft von Symbolen und Ritualen erweist (19). Pfarrer und Pfarrerin werden nach seiner Überzeugung als Repräsentanten des Heiligen zu Führern an den Grenzen zur anderen Welt. Sie führen in die verborgenen und verbotenen Zonen des Lebens (34). Die Wichtigkeit der kirchlichen Feiern für das alltägliche Leben wird deutlich durch die Passageriten, die Gläubige durchführen, wenn sie den Eintritt in die Gemeinschaft der Lebenden (Taufe), in die Produktionsgemeinschaft (Konfirmation), in die Reproduktionsgemeinschaft (Trauung) und in die Gemeinschaft der Toten (Beerdigung) begleiten und Ihnen so beim sozialen Übergang beistehen. Die zeremonielle Feier bei großen Festen wie dem Fest der Geburt (Weihnachten), dem Fest von Sterben und Auferstehen (Ostern) und dem Fest der Vereinigung (Pfingsten) kann auch als Schwellenritual verstanden werden (34). Nach Ansicht von Josuttis geschieht hier nicht nur ein sozialer Übergang, sondern die Annäherung an eine Realität, die den innerweltlichen Horizont transzendiert. Pfarrer und Pfarrerin sind hier also Psychagogen, Seelenführer, Lebensbegleiter (35) für Menschen, die an die Grenzen ihres Lebens und in die Krise geraten. Ihre Aufgabe könnte es sein, Menschen in Grenzsituationen beizustehen und sie zu begleiten – vielleicht sogar über die Grenze hinaus (41).

Diese Aufgabe erfordert die Bereitschaft, nicht nur ein Ritual bei Lebensübergängen anzubieten, sondern auch eine seelsorgerliche Begleitung und Beratung bereit zu halten. Ein in der evangelischen Kirche wichtiges Angebot der Begleitung von Lebensübergängen durch Ritual und seelsorgerliches Gespräch v. a. in der Vorbereitung des Rituals sind die Kasualien.

Die Kasualien, also die dem Einzelfall gewidmeten kirchlichen Feiern wie Taufe, Hochzeit, Trauerfeier, Konfirmation etc. markieren wichtige Übergänge in neue Lebensformen und sprechen in einer festgelegten liturgischen Form die Begleitung und den Segen Gottes zu. Sie helfen den Individuen, die teils hoffnungsvollen, teils schwierigen, teils auch krisenhaften Statusübergänge des Lebens zu bewältigen. Es ist wichtig, dass neben der »ritualisierten Begehung« auch das Angebot »seelsorgerlicher Begleitung« besteht (Ziemer, 252f.). Menschen, die deswegen zu einer Pfarrerin oder einem Pfarrer kommen, möchten sich Kraft für den nächsten Schritt holen und sich über den Alltag hinaus der Bedeutung ihrer augenblicklichen Lebenssituation vergewissern. Beratung und Seelsorge sollte ihren Schwerpunkt darin sehen, die überlieferten und in der christlichen Gemeinschaft gültigen Deutungsmuster des Glaubens auf die konkreten Lebenserfahrungen eines Ratsuchenden hin zu »individualisieren« und zu »spezifizieren« (Ziemer, 253). Das Kasualgespräch bietet die Möglichkeit, die eigene Biografie zu bedenken und eine Selbstdarstellung zu geben, die eine Erzählung der eigenen Lebensgeschichte beinhaltet. Dabei kann es darum gehen, wie ein Mensch den betreffenden Abschnitt seines Lebens in eine Beziehung zu Gott setzen kann, was dadurch anders wird und welche neue Richtung das Leben dadurch erhält (ebenda). Kausalgespräche können die Veränderung des Lebens reflektieren und eine Neuorientierung ermöglichen. »Im Feld unsicherer und von Abbrüchen und Neuanfängen gekennzeichneter Transitorität machen sie das Angebot identitätssichernder Begleitung an den Übergängen im Lebenszyklus.« (Rainer Böhm, 190).

In jedem Kasualbegehren stecke die Sehnsucht nach Vergewisserung, nach einem Sinn und Verheißungshorizont, der die alltägliche Existenz übersteigt, führt die Marburger Theologin Ulrike Wagner-Rau aus (Wagner-Rau, Segensraum, 13). Sie bezeichnet die Kasualien als »Segensraum«. Die religiösen Feiern werden also zu einem Möglichkeitsraum (potential space nach D. W. Winnicott 1971, 124), in dem wie in einer Therapie ein Rahmen geboten wird, innerhalb dessen man sich für Augenblicke selbst finden kann, in dem die Zeit stehen zu bleiben scheint, in dem man den Schritt von einer inneren Einstellung zur anderen bedenken und bewusst zelebrieren kann. Ein solcher Möglichkeitsraum hat eine große Nähe zu dem Begriff der Übergangsräume (transitional space), den Winnicott geprägt hat (s. o. Kap. 2.1). Übergangsräume sind Möglichkeiten zu Erinnerung und Reflexion, Wahrnehmung von Dankbarkeit und Trauer über Verluste, Äußerung von Wünschen und Visionen. In diesem Sinne sind auch Kasualien zu sehen als Heterotopien (also »vollkommen andere Orte« als die alltäglichen, wie es Michel Foucault, 2005, 11, bezeichnet hat), als »Raum, in dem das Leben heilsam betrachtet werden kann«, der neues Erleben ermöglicht, der abgehoben vom sonstigen Leben erscheint und in dem doch kommuniziert wird, was im Alltagsleben von Bedeutung ist (Wagner-Rau, Segensraum, 18). »Sodann wird die Kasualhandlung als ein Raum verstanden, in dem das menschliche Bedürfnis, sich in symbolischen und sozialen Räumen zu beheimaten, Erfüllung findet. Räume geben Struktur und Grenze, was in der postmodernen Gesellschaft im Zuge von Individualisierungsschub und dem Zwang ständiger Neuerfindung der eigenen Biografie häufig schmerzlich vermisst wird.« (Kremer, Lutzi, Nagel 2011).

Während die Kasualien als Rituale an den Lebensübergängen relativ gut erhalten geblieben sind, sind andere kirchliche Rituale verloren gegangen.

Exkurs: Die Beichte, ein verlorengegangenes Ritual

Das Beichtritual im heutigen Katholizismus beginnt mit der Eingangsformel »Gelobt sei Jesus Christus« und der Antwort des Beichtenden »in Ewigkeit. Amen«. Es folgt das Sündenbekenntnis, eine freie Schilderung der Erfahrungen, die aus der Beziehung zu Gott weggeführt haben (Sünden), vom Priester unterstützt durch Fragen nach der Einhaltung der zehn Gebote. Zu ihm gehört der Ausdruck der Reue (contritio und attritio) und der Genugtuung (satisfactio). Das eigentliche Bußsakrament ist die priesterliche Absolution mit der Lossprechungsformel: »Absolvo te a peccatis tuis in nomine Patris et Filii et Spiritus Sancti«. Die Beichte kann mit der Aufgabe von Bußzeremoniellen, wie dem Sprechen des Ave Maria oder dem Vaterunser enden. Nach der Lehre des Tridentinums genügt die unvollkommene Reue (attritio) zum Empfang der Rechtfertigung im Bußsakrament. In der Absolution empfängt der Gläubige ein Doppeltes: die Wiedergewinnung der vollen Gliedschaft in der Kirche (reconciliatio) und die Vergebung der Schuld vor Gott (vgl. W. Low, RGG I, 969–974).

Wie bei den von van Gennep beschriebenen Stufen des Rituals (z. B. der Initiation) werden auch in der Beichte drei Schritte deutlich:

1. der Trennungsritus als Bekenntnis eines Irrweges und Ablösung aus einer Welt, in der Gott eine untergeordnete Rolle gespielt hat (Bekenntnis),
2. der Ausdruck von Reue und Buße (der die Auferlegung von Bußstrafen und Bußwerken ersetzt),
3. die Wiedereingliederung in die kirchliche Gemeinschaft.

Allerdings werden Reue und Buße im Sinne einer Genugtuung gegenüber den göttlichen Forderungen immer mehr dem Bekenntnis zugeordnet, so dass ein Zweischritt von confessio (Bekenntnis) und absolutio (Lossprechung) hervortritt.

Im Bußwesen der katholischen Kirche gab es ursprünglich einen öffentlichen Prozess in drei Schritten: der Sünder wurde aus der katholischen Kirche entfernt (Exkommunikation), er musste Wiedergutmachungsleistungen zeigen (satisfaktorische Werke) und wurde dann u. U. durch die Lossprechung von den Sünden (Absolution) wieder in die Kirche eingegliedert (Reconziliation). Im IV. Laterankonzil von 1215 wird das Sakrament der Buße als ein rechtlicher und sakramentaler Vorgang verpflichtend eingesetzt. Die Buße ist mindestens einmal jährlich zu vollziehen. Sie besteht aus drei Schritten: confessio oris (mündliches Bekenntnis), contritio cordis (Reue des Herzens) und Wiedergutmachung oder Genugtuung (satisfactio operis).

Danach gab es in der Kirchengeschichte Bußbücher (Poenitentialien), in denen Strafen und Taxen für die einzelnen Vergehen festgesetzt wurden. Ihnen folgte das System der Redemptionen (Ablösung der Bußstrafen durch andere gute Werke, auch durch Geld oder Stellvertretung Dritter) und seit dem 11. Jahrhundert der Ablass in Form von finanziellen Leistungen, der allerdings mit Beichte und Absolution verbunden blieb (vgl. P. Meinhold, RGG I, 1549).

An der kurzen Schilderung der Geschichte des Bußwesens wird schon deutlich, dass die Bedeutung von Reue und die Durchführung von Bußwerken zugunsten einer eher formalen Abfolge von Bekenntnis und Absolution zurückgehen. Damit ist das der Schwellensituation in anderen Ritualen entsprechende Stadium der tätigen Buße im Bußwesen verkürzt worden. Der Mensch hat weniger Möglichkeiten, auf dem Weg von einem Bereich (dem des Sündenlebens ohne Gott) in einen anderen (den des Lebens mit Gott und unter der Herrschaft Jesu Christi) eine Zwischenphase zu passieren und sich dabei durch eigene Bemühungen und durch Erledigung von Aufgaben, aber auch durch die Hilfe der Gemeinschaft umzuwandeln. Mit der im Neuen Testament geforderten Umkehr (μετανοια), wie sie Jesus in Markus 1,15 fordert, hat das nicht mehr viel zu tun (vgl. Klessmann, 90). Die Entleerung des Rituals ruft die Reformation auf den Plan.

Für Martin Luther sollte die Buße ein fröhliches Geschehen sein, bei dem ein Mensch sich der Zusage des Evangeliums,

also der Rechtfertigung vergewissert. In der evangelischen
Kirche ist das Beichten dann aber aus der selbstverständlichen
Tradition verschwunden und wird häufig auch in Bußgot-
tesdiensten nur mit wenigen Sätzen in der Liturgie erwähnt.
Für dieses Zurückgehen der Bedeutung der Beichte ist die
problematische Praxis im Prozess der Reformationsgeschichte
verantwortlich. Luthers Anliegen, die Beichte aus ihrer Bedeutung als erzwungenes und lückenloses Sündenbekenntnis zu
befreien und im Sinne der Rechtfertigungslehre Gottes verge-
bendes Wort in den Vordergrund zu stellen, wurde bald durch
kirchliche Zuchtmaßnahmen in Frage gestellt. Die Beichte
wurde Vorbedingung zur Abendmahlszulassung, sie bekam
den Charakter eines Verhörs, einer Pflicht, einer Belehrung.

Heute wird in den Agenden der Evangelischen Kirchen
auf die Bedeutung des Gesprächs verwiesen. Dieses Gespräch
kann den Zuspruch der Vergebung der Sünden enthalten. Dafür ist aber kein Pfarrer nötig. Jedes Gemeindeglied kommt
für das Anhören der Beichte und die Vergebung der Schuld in
Frage. Unentbehrlich sind nur das Bekenntnis der Sünde und
der Zuspruch der Vergebung.

Die Agende der Evangelischen Kirche von Kurhessen-
Waldeck beispielsweise beschreibt die Beichte so:

*Der Pfarrer fordert den Beichtenden auf, mit der Beichte zu
beginnen. Dies kann etwa mit den Worten geschehen: »Bitte,
sag nun, was dich beschwert«, oder: »Bitte, beginn mit deiner
Beichte«.*

*Der Beichtende kann seine Beichte mit den Worten beginnen:
»Vor Gott, dem Heiligen und Allwissenden, bekenne ich …«. Er
kann die Beichte mit den Worten abschließen: »Das tut mir
leid. Ich bitte Gott um Vergebung. Ich will einen neuen Anfang
machen.«*

*Der Pfarrer muss dem Beichtenden Zeit lassen, sich auszu-
sprechen. Es kann jedoch angebracht sein, gelegentlich, wenn
auch behutsam, Rückfragen zu stellen. Am Ende kann der Pfarrer fragen: »Hast du deine Beichte beendet? Darauf der Beichtende: ›Ja‹«.*

An dieser Stelle kann sich ein persönliches Gespräch empfehlen. Darin kann der Pfarrer in freien Worten die Vergebung der Sünde zusprechen.

Andernfalls kann der Pfarrer wie folgt fortfahren:

Herr, wir wissen, dass wir an dir und unserem Nächsten gesündigt haben. Wir haben die Erwartungen der Menschen enttäuscht, mit denen wir zu tun haben. Wir sind schuldig geworden. Aber wir hoffen auf dich. Deshalb bitten wir dich: Vergib uns unsere Schuld.

Vor dem Angesicht Gottes frage ich dich: ist dies dein aufrichtiges Bekenntnis und begehrst du Vergebung der Sünde um Christi willen, so antworte: Ja.

Absolution (mögliche Form): Ist jemand in Christus, so ist er eine neue Kreatur; das Alte ist vergangen, siehe, es ist alles neu geworden. Im Namen des Vaters und des Sohnes und des Heiligen Geistes: deine Sünde ist dir vergeben.

Nun kann ein Psalm, ein freies Gebet oder das Gebet des Herrn gesprochen werden.

Die Beichte endet mit dem Segen; (mögliche Form): Es segne und behüte dich Gott, der Allmächtige und Barmherzige, Vater, Sohn und Heiliger Geist.

(Landeskirchenamt der Evangelischen Kirche von Kurhessen-Waldeck (Hrsg.), Kassel, 1975).

Auch wenn hier der Dreischritt des Rituals (s. o.) nicht deutlich erkennbar ist, kann man das Gespräch als Zwischenphase nach dem Bekenntnis und vor der Absolution ausmachen. In ihm ist für den Beichtenden die Gelegenheit enthalten, seine Reue auszudrücken und möglichen Raum für die Vorstellung einer Wiedergutmachung wahrzunehmen.

Auch heute noch suchen Menschen bei Krankheiten, Familienkonflikten oder nach schweren Verfehlungen die Möglichkeit, einem anderen ihre Schuld zu »beichten«, ihr Leben zu überprüfen und für die empfundenen Verirrungen Vergebung und Ermutigung zu erhalten.

Die etwa 60 Jahre alte gepflegte Dame kam in die Beratung mit einem sie sehr bedrängenden Problem: Sie hatte ihren Mann vor 10 Jahren mit einem Jüngeren betrogen und nun war er gestorben. Er hatte ihrer Meinung nach etwas davon geahnt, obwohl sie es ihm nie erzählt hatte. Auf seinem Sterbebett hatte er zu ihr gesagt, dass er sie liebe und dass er ihr auch alles, was sie versäumt haben oder ihm angetan haben könnte, deshalb vergebe. Aber diese Vergebung genügte ihr nicht. Sie wollte dem Berater und Seelsorger die ganze Geschichte erzählen, sie wollte vor ihm auch die Beichte ablegen und Absolution und Segen empfangen. Für den Rahmen der Gespräche war dies ein ungewöhnliches Vorhaben, aber die Generalbeichte in einem Gottesdienst (Offene Schuld) war für sie keine Lösung und so entsprach der Berater ihrem Wunsch. Nach einigen sehr offenen Gesprächen mit viel Tränen konnte sie erkennen, dass die Schuldgefühle gegenüber dem verstorbenen Ehemann eine Auseinandersetzung mit den eigenen Ansprüchen an Treue und Wahrhaftigkeit und mit einem Gott waren, der für sie hinter dem milden Ehemann strengere Forderungen für sie bereit hielt. Diese Erkenntnis und das Zutrauen, dass sie es wert war Milde und Güte zu erfahren, machte sie erst bereit, die Vergebung anzunehmen und für den Segen am Schluss offen zu sein.

In dieser ungewöhnlichen Beratung gab es wie bei vielen Ritualen einen Dreischritt der Beratung: Der Berater gab ihr zunächst ausführlich Gelegenheit, über ihren Kummer und ihre Schuldgefühle zu sprechen. Sie fühlte sich durch die annehmende Haltung des Beraters ermutigt, offen und sich selbst beklagend zu reden. Dann schloss sich ein zweites Gespräch an, in dem sie mit vorsichtigen Fragen konfrontiert wurde: »Welche Gedanken bedrängen Sie denn immer wieder?«, »Ist die Schuld für Sie noch ein lebendiges Problem ihrer Partnerschaft?«, »Wenn doch Ihr Mann mit Ihnen einverstanden war, was wollen Sie dann mit der Beichte erreichen?«, »Was tut Ihnen wirklich leid?«, »Haben Sie denn die Hoffnung, dass es Ihnen besser geht, wenn Gott Ihnen vergibt?« Diese Fragen führten die Frau zu einer intensiven Auseinandersetzung mit ihren Motiven und Wünschen und ließen auch noch einmal die mögliche Einstellung des verstorbenen Partners lebendig werden. Die Beschäftigung mit ihrem Gottesbild führte sie in einem weiteren Gespräch auch in die eigene Kindheit und die damalige sehr moralische Einstellung ihres Glaubens zurück. Von daher konnte sie das Angebot der Vergebung und die Eröffnung einer neuen vertrauensvollen Beziehung zu Gott im letzten Gespräch annehmen und ging erleichtert. Sie hatte selbst um ein Segenswort am Schluss gebeten, das den Beistand eines barmherzigen Gottes beinhaltete.

In der Regel ist die Beratung nicht mit formellen kirchlichen Ritualen verbunden. Auch das seelsorgerliche Gespräch muss nicht notwendig mit Beichte, Gebet oder Segen einhergehen, obwohl vielleicht Gemeindeglieder das öfter vom Seelsorger erwarten als dieser meint, so dass ein Angebot im Anschluss an ein Seelsorgegespräch sich empfiehlt. Auch wenn das Beichten im Sinne einer offenen Aussprache über Schuld und Schuldgefühle nicht als besondere Form der Seelsorge aktuell ist, gibt es bei vielen Menschen den Wunsch, sich einem anderen mit den eigenen inneren Konflikten anzuvertrauen. Das zeigen die bleibend hohen Zahlen von Psychotherapie- und Psychoanalyse-Patienten. Aber es gibt inzwischen andere Formen der Selbstthematisierung in Selbsterfahrungsgruppen, in Psychotherapie und Beratung, sowie in entsprechenden Ritualen in öffentlichen Medien (z. B. Talkshows und Ratgebersendungen im privaten Fernsehen). Dies spricht für den Bedarf und zeigt gleichzeitig auf, wie problematisch dieser manchmal kanalisiert und ausgenutzt wird. Außerdem fehlt solchen Angeboten der für die Beichte entscheidende Teil der Zusage der Vergebung (vgl. Klessmann, 91f.).

Der Blick auf die Beichte macht die enge Verzahnung zwischen dem Ritual und der Seelsorge, bzw. der Beratung deutlich. Die Bestimmung dieses Verhältnisses führt zu theologischen Grundfragen der Seelsorge. Während in der Pastoralpsychologie und der sogenannten Seelsorgebewegung (Scharfenberg, Winkler, Stollberg u. a.) eine Anlehnung an die bestehenden Psychotherapieschulen (Psychoanalyse,

Verhaltenstherapie, Gesprächstherapie, systemische Therapie etc.) gesucht wurde und die Gespräche auch therapeutischen Charakter hatten, jedenfalls aber in der Technik der Gesprächsführung und in der Einstellung zum Ratsuchenden die psychotherapeutische Haltung eine Rolle spielte, wird in der Seelsorge, die sich als Verkündigung des Evangeliums in einer anderen Form versteht (Seelsorge als die Verkündigung am Einzelnen, H. Asmussen, E. Thurneysen), mehr der Perspektivenwechsel betont. Ein Beispiel für diese kerygmatische Seelsorge ist die »Metapher des Bruchs« nach Eduard Thurneysen (1888–1979), die in der heutigen Diskussion wieder erinnert wird. Das ist die Stelle in der Seelsorge, an der Gottes Wort eingeführt wird. Die Seelsorge ist dann schon gedacht als eine Hinführung auf diesen Bruch, also auf eine Erkenntnisbewegung zu der Einsicht, dass der Ratsuchende sich von Gott entfernt hat (Sünde) und dass ihm Gottes vergebende Liebe, also das Evangelium zugesagt wird. Dabei ist die Rolle des Seelsorgers letztlich festgelegt und das Menschenbild eher negativ geprägt, jedenfalls nicht so differenziert wie das durch psychologische Erkenntnisse erweiterte Bild der Pastoralpsychologie. Psychologie spielt bei Thurneysen zwar eine Rolle, hat aber vorwiegend die Funktion das Ziel der Verkündigung besser verfolgen zu können: »Um den Menschen mit dem Vergebungswort anzusprechen, müssen wir über ein möglichst exaktes, methodisches und umfassendes Wissen verfügen von seinem seelischen Zustand.« (Thurneysen 1946). Dem »Subjektivismus« der an der Psychoanalyse orientierten Pastoralpsychologen wird bis heute Gott als Gegenüber dargestellt, in dessen Urteil das Selbst erst Klarheit in der Glaubenserfahrung bekommt. Dieses Interesse spiegelt sich auch in der Literatur, die heute die Bibel gesprächsgerecht in die Seelsorge einbringen will und ihr eine heilende Wirkung zuspricht (Bukowski 1996).

Im Gegensatz dazu ist die Seelsorgebewegung zuerst am Menschen und seinen Einstellungen und Problemen interessiert. »Seelsorge als Gespräch« (J. Scharfenberg 1972) zeigt die Bedeutung der zwischenmenschlichen Beziehung auf und

will zunächst einmal die Fähigkeit zur Seelsorge erarbeiten.
Die Hilfe am Menschen, der unter seinen Problemen leidet,
hat Vorrang vor dem Interesse des Theologen, ihn mit einer
Botschaft vertraut zu machen. Erst einmal geht es um Beistand, um eine Befreiung von der Last. Dabei spielt die Rechtfertigungslehre im Hintergrund des Gesprächs eine Rolle. Der
Ratsuchende erlebt in der Beziehung zum Seelsorger schon
ein Modell für die Zusage des Evangeliums. Er fühlt sich im
Gespräch als Person angenommen und akzeptiert.

Scharfenberg nimmt Abstand zu einer Seelsorge als Sonderform des »liturgischen Gesprächs« von Thurneysen (aaO,
15). Er nimmt auch Abstand zu der Vermischung von Ritualen
und Seelsorge. Der seelsorgerliche Weg, so sagt er, vollzieht
sich nicht in einem ritualisierten Akt, der höchste Autorität
beanspruchen kann, sondern im mühsamen Versuch einer
Wegbegleitung auf Zeit, die tatsächlich befreiend zu wirken
vermag (aaO, 24f.). Hier schwingt die Sorge mit, dass der le-
bendige Gott hinter dem formalen Ritual verschwindet sowie
die Hoffnung, die Gottesbeziehung in einer annehmenden
seelsorgerlichen Haltung erlebbar zu machen.

Heute wird wieder gefragt, ob nur das Gespräch oder auch
Symbole und Rituale hilfreich sind (Wagner-Rau, Seelsorge als
Gespräch, 30ff.). Es wird darauf hingewiesen, dass Scharfenberg sich in erster Linie gegen einen *unreflektierten* Gebrauch
der christlichen Ritualpraxis in der Seelsorge ausgesprochen
hat (ebenda.). Dafür gilt das Beispiel der jungen Frau, die
Scharfenberg als junger Hilfsprediger im Krankenhaus sah
und die ihn bat, ihr die Beichte abzunehmen. Das Beichtritual
wurde entsprechend der geltenden Agende durchgeführt, die
Frau bekannte ihre Schuldgefühle angesichts eines geringfügigen Eigentumsdelikts, das aber Jahrzehnte zurücklag. Die
Vergebung wurde ihr durch Handauflegung zugesagt, aber
die Schuldgefühle blieben. Die Frau berichtete, dass sie schon
vierzehnmal bei verschiedenen Pfarrern vorstellig geworden
war (Scharfenberg, 22). Der unbewusste Konflikt, der sich in
den Schuldgefühlen der Frau manifestierte, war einer rituellen Bearbeitung nicht zugänglich, weil diese ihr nicht bewusst

machen kann, warum sie sich so schuldig fühlen muss. Die
Bitte um die Einzelbeichte ist da zum Zwangsritual geworden,
das keine Erlösung bringt. Durch ein Gespräch aber hätte die
junge Frau erkennen können, was ihre seelische Not wirklich
ausmacht (Wagner-Rau, aaO, 31). Es gibt aber andere Situationen, in denen die symbolische Kommunikation zur Lösung
eines Konflikts beiträgt, die im direkten Gegenüber des Gesprächs eventuell gar nicht möglich gewesen wäre (ebenda).
Die Bedeutung von Ansätzen, die Körper, Geist und Seele
gleichermaßen umfassen, wird neu entdeckt und als Ergänzung des Gesprächs verstanden. Über diese Ergänzung ist
aber bisher vergleichsweise wenig nachgedacht worden (Wagner-Rau, aaO, 32).

Das Verhältnis von symbolischer Kommunikation und
Gespräch, von religiösen Ritualen und Reflektion bei Schuldgefühlen bekommt heute eine neue Bedeutung, wenn öffent-
lich über die Fehlerkultur in unserer Gesellschaft nachgedacht wird. Politiker sitzen einen Konflikt aus, aber dadurch
schwindet die Lust der Bürger an der Politik und ihr Ruf leidet. Kirchenvertreter werden besonders gut beobachtet, wenn
sie Fehler machen und danach beurteilt, ob sie sich der Kritik
stellen oder ihr ausweichen. Es gibt also inzwischen so etwas
wie eine säkulare Beichte und eine öffentliche Vergebung,
bei der die Medien eine große Rolle spielen. Eine religiöse
Kultur scheint aus der Kirche ausgewandert zu sein und in
gesellschaftlichen Auseinandersetzungen und Meinungsfor-
schungen (pro und kontra, Leserbriefe in der Zeitung, Inter-
netdiskussion etc.) einen neuen Ort gefunden zu haben. Dort
wird aber keine Vergebung zugesagt. Die Auseinandersetzung
verschwindet wieder aus dem Blickfeld, wenn der »Sünder«
bestraft wurde, sich entschuldigt hat oder von seinem Amt
zurückgetreten ist. Die Bedeutung von Echtheit, Aufrichtig-
keit und Verantwortungsgefühl wird dabei deutlich. Es gibt
also Hinweise darauf, dass Rituale wie Beichte und Segnung
trotz Verschwinden der patriarchalischen Strukturen, Rück-
gang traditionaler Lebensformen und Individualisierung als
neuer sozialer Tendenz weiterhin (oder wieder) gebraucht

werden. Dies zeigt auch die neue Kultur der recht offenen
Aussprache in E-Mails und im Chat, wo vor allem junge
Leute sehr intime Äußerungen gegenüber dem anonymen
Gesprächspartner machen und so ihre innere Not und ihren
Wunsch nach Austausch darstellen. In Beratung und Seel-
sorge (hier vor allem in der Telefonseelsorge) wird dieser
Bedarf manchmal deutlich und im Gespräch bearbeitet. Wie
in den Geschichten von Jesus können solche Gespräche auch
die drei Schritte des Beichtrituals enthalten, nämlich die Prü-
fung des Hilfeersuchens (»Willst du gesund werden?« Joh. 5,6,
»Was wollt ihr, dass ich für euch tun soll?« Matth. 20, 32), die
Vergebung (»Dein Glaube hat dir geholfen; geh hin in Frieden!« Luk. 7,50) und die Orientierung (»Geh hin und sündige
hinfort nicht mehr!« Joh. 8,11).

6. Umgang mit Schwellensituationen in der Beratung

Psychologische Beratung wird in Anspruch genommen, wo Übergangsriten nicht ausreichen, um die ambivalenten Gefühle beim Überschreiten der Schwelle zum nächsten Lebensabschnitt zu verarbeiten. Sie kann den Dreischritt des Übergangsritus aufnehmen. Die erste Aufgabe der Beratung ist es also, zum Gelingen der Trennung von dem zurückliegenden Lebensabschnitt beizutragen. Die zweite ist es, in einer neuen Erlebensform anzukommen und eine neue Identität zu entwickeln. Die dritte besteht in der Aufnahme der neuen Perspektive und in der Eingliederung in eine neue Lebensgemeinschaft. Auch wenn im Folgenden von Beratung gesprochen wird, kann Seelsorge mit einem ähnlichen Prozess rechnen bzw. ihn gestalten.

Die in den Fallbeispielen beschriebenen Beratungsprozesse zeigen, dass der Dreischritt der Rituale in Beratung und Seelsorge strukturierend sein kann[5]:

Äußerung, (Loslösung),

Verarbeitung, (Umwandlung),

Orientierung, (Wiedereingliederung).

---

5   In der Psychoanalyse ist ein ähnlicher Prozess als »Erinnern, Wiederholen, Durcharbeiten« (S. Freud, 1914) beschrieben worden. In der Seelsorge kann sich das Gespräch in Schritten wie »Problemerkundung, Durcharbeiten, Perspektive« entwickeln (Ziemer, 166f.). In neuerer Zeit wird eine Internetbasierte Beratung (Interapy) bei posttraumatischen Belastungsstörungen diskutiert, die ebenfalls dreiphasig ist: Selbstkonfrontation, kognitive Umstrukturierung, »social sharing« (andere teilhaben lassen) (Wagner/Maercker 2011,37). Die Evangelische Konferenz für Ehe- und Familienberatung (EKFuL) zeigt auf ihrem Banner das Motto: »Begleiten, Unterstützen, Neue Wege suchen«.

Äußerung

Im Beratungsprozess gilt die Aufmerksamkeit zunächst der Fähigkeit oder Unfähigkeit des Ratsuchenden, die bis dahin bedeutenden Bindungen und Gewohnheiten der zu Ende gehenden Lebensphase noch einmal auszusprechen, Revue passieren zu lassen und damit »fertig zu werden«.

Loslösung heißt hier Abschied nehmen von Dingen, die einen festhalten wollen, die unangenehme und schmerzhafte Erinnerungen beinhalten, die aber auch mit den Annehmlichkeiten der Gewohnheit locken und Halt und Sicherheit gegeben haben. Dazu braucht es Mut und Experimentierfreudigkeit. Auch die Bereitschaft und Fähigkeit zum Trauern ist gefragt. Der Ratsuchende lernt loslassen zu können und das Gehabte in sich hinein zu nehmen, um sich äußerlich von ihm lossagen zu können. Der Berater (bzw. die Beraterin) zeigt eine aufmerksame, die Sorge und Trauer des Anderen ernst nehmende Haltung (Aufmerksamkeit). Er nimmt die Belastung des Klienten auf und lässt sie auf sich wirken, verdaut sie sozusagen (in der Psychotherapie spricht man mit Wilfried Bion vom »Containing«). Schließlich fasst er das gehörte zusammen und formuliert einen zentralen Konflikt (in der Psychotherapie: Fokus). *Aufmerksamkeitshaltung, Containing* und *Fokussieren* kennzeichnen die erste Zeit der Beratung, jedenfalls die erste gemeinsame Sitzung.

Beispiele: Bei der Geburt des ersten Kindes bzw. dem Fest der *Taufe* wird deutlich, dass es mit der Zweisamkeit des Paares vorbei ist bzw. dafür weniger Zeit und emotionale Ressourcen da sind. Beide Partner leben nun mit dem Dritten im Herzen und im Kopf. Manche Menschen, die nur in dualen Beziehungen leben können, kommen an ihre Grenzen. Das ist z. B. ein Grund, warum manche Männer zu diesem Zeitpunkt aus der Beziehung auswandern, während andere mit Freude und großer Liebe sich nicht nur ihrer Frau, sondern auch ihrem Kind zuwenden. Für Männer, die es schwer haben, auf ihre Ganzheitsansprüche gegenüber der Partnerin zu verzichten, ist es in der Beratung sehr wichtig, das Verständnis des Gegenübers zu spüren und selbst – auch kognitiv – zu begreifen, dass sie auf die Zweierbeziehung fixiert sind. Es kann Gegenstand des Gesprächs sein, welche Gründe diese sehnsüchtige bzw. angstvolle Bindung hat. Umgekehrt können Frauen in der Beratung erkennen, dass sie das Kind als ihr Ein und Alles sehen und die Beziehung zum Mann in den Hintergrund drängen, als sei es selbstverständlich, dass er von nun an vor allem ein Vater ist und nur in zweiter Linie ein geliebter Partner.

Bei der Bindung an einen Partner bzw. dem Ritual der *Trauung* ist es notwendig, von manchen individuellen Freiheiten und von der Selbstbezogenheit des Junggesellenlebens Abschied zu nehmen. Es gibt in heutigen Partnerschaften verschiedene Möglichkeiten, die Annehmlichkeiten des individuellen Lebens aufrecht zu erhalten und nicht alles von der Partnerschaft bestimmen zu lassen. Der berufliche Kontakt zu vielen Außenstehenden, der Sport mit anderen Bezugspersonen, die Verabredung zum Kaffee mit den Freundinnen gehören dazu. In der Beratung wird aber häufig die Auseinandersetzung mit dem Partner um die Grenzen dieser individuumsbezogenen Verabredungen und die Loyalität gegenüber dem Partner thematisiert. Dann ist es möglich, den Bedarf an Freiheit und Selbstbestimmung in der Partnerschaft und den Wunsch nach Verbundenheit und Gemeinsamkeit miteinander abzugleichen. Berater können dabei mit ihrem Wunsch, beide Partner zu verstehen, eine Mittlerfunktion einnehmen und die Fähigkeit zur Lösung aus der Selbstbezogenheit stärken.

Bei der *Bestattung* der Eltern oder des Partners ist es wiederum gerade das Ende der körperlich und seelisch engen Verbundenheit zu betrauern. Ziel der Beratung kann es dabei sein, einen Raum für Erinnerung und Würdigung der vergehenden Lebensphase zu geben und die Realität des Verlusts anzuerkennen. Manche Trauernden möchten darüber hinweggehen, indem sie das verloren Gegangene so behandeln, als sei es nicht vorbei oder indem sie die Probleme in den Vordergrund rücken, die sie mit der neuen Situation haben. Demgegenüber kann es in der Beratung wichtig sein, auf das Verlorene zu schauen. So kann es hilfreich sein, der trauernden Witwe zu empfehlen, gezielt in das Fotoalbum zu schauen, das ihr Leben mit dem Mann veranschaulicht. Dabei kommt es zu Schmerz und Tränen, aber auch zu einer Verinnerlichung des Erlebten und zu Gefühlen der Dankbarkeit und der Liebe, die eine Verbindung zum Verstorbenen herstellen, aber doch auch die Anerkennung seines äußerlichen Fehlens darstellen und so die Lösung einer leiblichen Beziehung erleichtern. Das Gespräch über den Verlust ist an sich auch schon ein Schritt auf die Loslösung zu, weil in ihm die inneren Sehnsüchte, die Verleugnung des schrecklichen Abschiedes und die Gefahr des Rückzugs benannt und gleichzeitig entschärft werden können. Dazu trägt eine Beziehung bei, die annehmend und zugewandt ist. Berater oder Beraterin lassen sich die Last der Verwirrung und der Wut wie auch der Trauer für die begrenzte Zeit des Gesprächs aufladen, ohne sie mit Beschwichtigungen oder guten Ratschlägen abzuwehren.

Verarbeitung

Ein zweiter Schritt in der Beratung dient der bewussten Einstellung auf die Veränderungen, die auf der Schwelle zur nächsten Lebensphase anstehen.

Umwandlung bedeutet in der Beratung die Wahrnehmung des Faktischen: Der Ratsuchende lernt sich auf diese Situation einzustellen und mit ihr umzugehen. Der Berater (bzw. die Beraterin) regt zur Realitätsprüfung an (Realitätsprüfung) Er stellt die Rolle der andere beteiligten Familienmitglieder dar (Vergleich). Er konfrontiert den Ratsuchenden mit seiner Verantwortung und seinen Zielen (Strukturierung). Er beschreibt den Zusammenhang der Lebenssituation mit dem Leben anderer vergleichbarer Menschen und mit dem Entwicklungsprozess, in dem der Einzelne sich befindet (Einordnung in den Zusammenhang). Er deutet Tendenzen zu Selbstschutz und Abwehr von Angst (Deutung). Er trägt dazu bei, die Gefühle und Einstellungen des Ratsuchenden zu verstehen und im Sinne der Gesamtsicht umzudeuten (Affektmodulation). *Realitätsprüfung, Rollen-Vergleich, Ich-Strukturierung, Einordnung in den Zusammenhang, Deutung und Affektmodulation* sind die technischen Begriffe der zweiten Phase der Beratung und dienen der Verarbeitung der neuen Lebenssituation (Umwandlung).

Beispiele: In der Beratung im Zusammenhang mit der *Taufe* heißt das: das Kind ist bereits da. Die Beziehung von Mutter und Vater zu ihm hat schon das Leben verändert. Es gibt kein Zurück mehr. Ein Perspektivenwechsel ist nötig. Viele Verhaltensmöglichkeiten sind dadurch vorgegeben: Das Kinderzimmer muss eingerichtet sein oder werden, die Namensgebung steht jetzt endgültig an, das Verhältnis zu den Eltern muss neu geklärt werden, was schon bei der Frage beginnt, wie oft die kleine Familie ihren Besuch möchte bzw. wie sehr sie sich auch einmal abgrenzen und allein sein möchte. Beratung kann helfen genau hinzugucken, das Notwendige anzuerkennen und aktiv zu werden, wo mancher vielleicht dazu neigt nach hinten zu schauen, mit dem Gegenwärtigen unzufrieden zu sein oder sich zurückzuziehen. Die Möglichkeiten und Grenzen der Eltern oder auch die Besonderheiten des Säuglings sind dabei zu besprechen und das Ziel kann sein, dass beide Partner die Verantwortung für den eingetretenen Umstand übernehmen. So vollzieht sich eine Umwandlung der Partner zu verantwortlichen Eltern.

Bei Problemen in der jungen *Ehe* ist der Blick auf die Paarprobleme und die Einordnung in die allgemeinen Anforderungen einer Partnerschaft sinnvoll. Was hat sich für uns durch die Trauung geändert, wie haben wir uns geändert? Oft ist der Anlass für eine Beratung beispielsweise heftiges Streiten des jungen Paares. Dabei wird im Gespräch mit dem Dritten deutlich, dass sie sich das Aushandeln von Entscheidungen (und sei es nur die Farbe der Tapete im neuen Heim oder die Höhe der finanziellen Belastung durch einen Fernsehapparat) nur als Entweder – Oder vorstellen können und die Andersartigkeit des Partners als kränkend und die Harmonie zerstörend erleben. Durch einen Berater wird ihnen

ein anderes Bild von ihrem Zusammenklang vermittelt: Ihre
Ansichten sind ihm ja beide verständlich und einleuchtend
und wenn er ihnen das zurückspiegelt, können sie häufig erst-
mals ohne Zorn die unterschiedlichen Standpunkte reflektieren und zu einem Kompromiss kommen. Erst dann hat eine
Umwandlung stattgefunden vom individualistischen Single-
Denken zum gemeinschaftlichen Paar-Denken.

Nach dem Abschied aus der Bindung an den Verstorbenen
findet sich der *Trauernde* in der Gemeinschaft derer wieder,
die wie er Verlusterlebnisse bewältigen mussten. Bei dem
Trauergespräch mit den Angehörigen eines Verstorbenen
wird es nun darum gehen, die Situation des Alleinseins und
gegebenenfalls der Verantwortung für Kinder oder andere
Angehörige zu besprechen und die Auseinandersetzung mit
dem Umfeld, das vielleicht schon auf baldige Erneuerung der
Beziehungen drängt (»nun hast du aber genug getrauert«) zu
führen.

Orientierung

Der dritte Schritt ist die Umsetzung der neuen Identität im
Lebensumfeld.

Die *Wiedereingliederung* lenkt den Blick auf die Zukunft
und die Lösung der Probleme. Der Ratsuchende lernt die
vor ihm liegenden Aufgaben anzunehmen und Problemlö-
sungen zu erarbeiten. Er findet sich wieder ein in die Rolle
des Partners, Familienmitglieds und in die Gemeinschaft der
Anderen. Er entwickelt neue Werte für das Zusammenleben.
Der Berater (bzw. die Beraterin) ermutigt zum Schritt nach
vorn (Ermutigung). Er bekräftigt die Bemühungen um eine
neue Sicht der Dinge, stärkt aber auch das Selbstvertrauen des
Klienten (Verstärkung). Er formuliert neue Einschätzungen
von Sinn und Wert der Arbeit (Wertschätzung). Er stellt die
Aufgaben dar, die erledigt werden müssen (Zielorientierung).
Er veranlasst die Versuche zu ihrer Bewältigung und begleitet
die mehr oder minder erfolgreiche Umsetzung der Ziele des
Ratsuchenden (Begleitung bei der Umsetzung). *Ermutigung,*

Verstärkung, Wertschätzung, Zielorientierung und Begleitung bei der Umsetzung stellen die dritte Phase der Beratung und auch den Abschluss dar. Sie dienen der Orientierung (Wiedereingliederung).

Beispiele: Die Orientierung ist bei der *Taufe* mit der Hinwendung der kleinen Familie zur Außenwelt und zur (großen) Familie verbunden. Hier wird das Kind präsentiert und seine Geburt gefeiert, aber auch die Bitte um Begleitung und Unterstützung durch die Paten und durch Gott ausgesprochen. In der Beratung entspricht dieser Schritt der abschließenden Frage, wie es nun weitergehen soll mit der Elternschaft, mit den besonderen Schwierigkeiten, die das Kind vielleicht zeigt oder mit den problematischen Beziehungen zu den Großeltern. Junge Eltern nehmen besonders dann eine Beratung in Anspruch, wenn sie sich durch die Versorgung oder Erziehung des Kindes überfordert fühlen. Es ist wichtig, ihnen zu zeigen, dass sie nicht allein diese Probleme haben, sondern dass es meist um entwicklungsspezifische Probleme von Kindern geht, mit denen sie als Eltern kämpfen. Oft spielen die Angst vor dem Versagen (z. B. in den Augen von Großeltern und Nachbarn) und das Streben nach Perfektion mit. Dabei hat doch jedes Elternpaar seine eigenen Lösungen und es genügt, wenn die Mutter oder der Vater »gut genug« sind. Diese gelassene »Normalität« kann das Ziel der Passage in das Elterndasein sein.

In der Beratung des *Brautpaares* entspricht die Wiedereingliederung dem Entwurf von Perspektiven des weiteren Zusammenlebens: welche Erholungsmöglichkeiten gibt es nach dem Stress, wie können die Partner sich nach einem Streit wieder finden, wie sehen ihre Wünsche aneinander aus und wie gehen sie mit Enttäuschungen um. Diese und ähnliche Fragen bereiten das Paar auf ein geregeltes Zusammenleben vor und helfen ihm auch wieder einen Blick für ihre Position in der Gesellschaft zu finden.

Für die *Trauernden* heißt Wiedereingliederung Restitution als Einzelwesen und Hinwendung an andere Bezugspartner im Lebensumfeld. In der Beratung gilt es vorsichtig nachzufragen, welche Möglichkeiten es gibt, wieder mit Freunden und Nachbarn zusammen zu sein, zu feiern und für neue Beziehungen offen zu werden. Dabei gibt aber der Trauernde die Geschwindigkeit vor. Auch die Zukunft der Beziehung zu dem Verstorbenen und ihre Pflege kann besprochen werden.

Mit der Übernahme des Dreischritts *Äußerung – Verarbeitung – Orientierung* in die Beratung oder Seelsorge wird der Übergangsritus nachempfunden. Das Gespräch erhält eine Struktur und wird in gewisser Weise selbst zu einem Ritual.

Exkurs: Seelsorge und Beratung

Während der Seelsorger oder die Seelsorgerin die Menschen in ihren jeweiligen Kontexten aufsuchen und das Gespräch auch am Rand einer Gratulation zum Geburtstag oder bei einer Begegnung in der Gemeinde, sowie im Umfeld von Kasualien (Taufe, Konfirmation, Hochzeit, Bestattung) pflegen, bieten psychologische Berater im Raum der Kirche das Gespräch in gemeinsam terminierten Sitzungen an einem besonderen Ort, in der Regel in einer Beratungsstelle der Diakonie oder einer anderen kirchlichen Institution an. Während das seelsorgerliche Gespräch häufig zunächst ohne die Nennung eines konkreten persönlichen Problems oder eines seelischen Konflikts beginnt, wird ein Problembewusstsein bei der Aufnahme einer Beratung vorausgesetzt und bildet den Eingang des Gesprächs (»Was führt Sie zu mir«, fragt der Berater). Seelsorge und Beratung unterscheiden sich auch bezüglich der Wahl des Helfers: Der Pfarrer oder die Pfarrerin sind dem Seelsorge Suchenden oft schon bekannt und vertraut und werden vielleicht gerade deshalb aufgesucht. Der Berater oder die Beraterin sind in der Regel nicht bekannt und werden vielleicht auch gerade deshalb aufgesucht. Bei einer kirchlichen Beratung eint beide Berufsgruppen eine weit gefasste kirchliche Identität, die auch dem Ratsuchenden (sogar dem nicht kirchlich gebundenen) bewusst sein kann und in Kauf genommen wird oder aus unterschiedlichen (auch unbewussten) Gründen gewünscht wird. Seelsorge besteht häufig in einem oder in wenigen, nicht unbedingt planvoll terminierten Gesprächen. Psychologische Beratung dagegen wird in der Regel als ein Prozess innerhalb mehrerer Sitzungen gesehen und gepflegt. Gleichwohl kann das Gespräch in beiderlei Form von der Aufmerksamkeit für die entstehende Beziehung geprägt sein, zeigt Interesse an den biographischen Grundlagen der Persönlichkeit, ist offen für das Anliegen des Gemeindeglieds bzw. des Ratsuchenden und bedenkt die latenten Interessen und Bedürfnisse inklusive einer Übertragung von Beziehungserfahrungen und hat das Ziel, die Fähigkeiten des Ratsuchenden zum Verständnis der eigenen Situation zu verstärken[6]. Von daher sind Seelsorge (als Gespräch) und Beratung nicht scharf zu trennen.

Die Geschichte der Seelsorge hat mit der Wende von ihrem Verständnis als »Wort Gottes an den Einzelnen«, der durch Vergebung der Sünden und Zuspruch des Evangeliums wieder in die Gemeinde eingegliedert und bei ihr erhalten werden soll (Eduard Thurneysen nach Isolde Karle, 198), zur beratenden Seelsorge (Joachim Scharfenberg), die das Gespräch und die Lebensgeschichte des Einzelnen in den Vordergrund rückt, der psychologischen Beratung in den Institutionen der Kirche die Funktion einer fachlich unterstützten Sonderform der Seelsorge gegeben. Denn in dieser Beratung wird ja mit Hilfe einer beziehungsfördernden Grundhaltung die eigene Lebensgeschichte bedacht und das seelische Erleben mit all seinen Konflikten zu Bewusstsein gebracht. Die Auseinandersetzung mit dem Wort Gottes als Orientierung für exis-

---

6   So sagen es auch die Leitlinien des Fachverbandes für Beratung Evangelische Konferenz für Ehe- und Familienfragen (EKFuL): Beratung vollzieht sich in einem dialogischen Prozeß. Sie hat das Ziel, die Fähigkeiten der Ratsuchenden zum Verständnis der eigenen Situation, einschließlich der inneren und äußeren Bedingungszusammenhänge, zu verstärken, Möglichkeiten verantwortlichen Handelns zu entwickeln und zu festigen und die Beziehungsfähigkeiten zu fördern. (Aktualisierung der Leitlinien 2000, I.1.3, www.ekful.de)

tentielle Entscheidungen und Einstellungen rückt hier in den Hintergrund. Sie wird durch die religiöse Prägung des Beraters bzw. der Beraterin oder durch direkte religiöse Fragen des Ratsuchenden berührt. Die Vergebung wird nicht zugesprochen, sondern in der annehmenden Haltung ausgedrückt. Gerade dieser Verzicht auf eine Vereinnahmung des Klienten führt aber in der beraterischen Beziehung zu einer Sensibilität der Ratsuchenden für die Qualitäten eines christlichen Beraters. Im Gegensatz zur Beratung kann die Seelsorge eine eindeutige Gestalt kirchlicher Arbeit darstellen, wenn sie mit rituell-symbolischem Handeln verbunden wird (Gebet, Segen, Abendmahl Salbung, Lied oder Psalm)[7]. Diese Liturgisierung der Seelsorge darf aber m. E. nicht die Bedeutung der Annahme des Anderen in der Beziehung überdecken.

---

7   Vgl. M. Klessmann: »Seelsorge gewinnt immer dann eindeutiges Profil, wenn sie explizit den *Charakter religiöser Kommunikation* annimmt, wenn also rituell-symbolisches Handeln in den Vordergrund tritt in Gestalt von Gebet, Segen, Abendmahl oder Salbung […] Da jedoch […] solche Formen religiöser Kommunikation in vielen seelsorglichen Begegnungen nicht (mehr) stattfinden, ist dieser Aspekt nur begrenzt zur Identifikation von Seelsorge geeignet.« (Klessmann, 154).

7. Schlussfolgerungen

Riten, die wichtige Lebensübergänge begleiten und dokumentieren, sind bis heute das spezifische Angebot von Kirche und ihre Visitenkarte. Auch wenn Seelsorge und Beratung als Angebote der Kirche in allen Lebenssituationen gefragt sind, werden sie doch am ehesten mit den Schwellensituationen in Verbindung gebracht und dienen der Vor- und Nachbereitung beispielsweise von Taufe, Trauung und Trauerfeier anlässlich der Bestattung. In diesen Lebensübergängen erinnern sich auch Menschen, die der Kirche eher fern stehen, an ihre Dienste und vertrauen der Erfahrung von Pfarrerinnen und Pfarrern als Begleiter der Rites de Passage oder als »Zeremonienmeister«.

Die Seelsorgebewegung hat mit Recht auf die Gefahr der Formalisierung des kirchlichen Handelns hingewiesen, wenn die angebotenen Riten ihren Sinn für Pfarrer wie für Gemeindeglieder verlieren und zum Ritualismus verkommen. Die therapeutische Seelsorge hat das Gewicht mehr auf Beratung und Seelsorge im Gespräch gelegt und in einer Zeit der Infragestellung von überkommenen Ritualen auch die Bedeutung des rituellen Handelns bei Kasualien klein geschrieben.

Als Orte, die Besinnung und Ruhe ermöglichen, haben die Passageriten aber weiterhin eine Leuchtturmfunktion: sie helfen bei der persönlichen Orientierung im Zeitlauf des Lebens, bei der Veränderung an den Übergängen zu neuen Lebensabschnitten und beim Entwurf von neuen Perspektiven. Sie haben eine beruhigende, Gemeinschaft stiftende und die Gottesbeziehung erinnernde und festigende Wirkung, auch wenn Ihnen in der evangelischen Kirche nicht die Selbst-

wirksamkeit zugesprochen wird, die sie im theologischen
Verständnis der katholischen Kirche haben. Wenn an den
Lebensübergängen Krisen für den Einzelnen, für das Paar
oder die Familie entstehen, können die Rituale allein nicht für
eine Bewältigung sorgen. Es bedarf der Gespräche, die zum
Ritus hinführen und damit auch seine Bedeutung klären. Es
bedarf manchmal auch einer Nachsorge im Gespräch, die die
Betroffenen stützt und ihnen Halt und Orientierung in einer
Beziehung bietet. Ohne solche seelsorgerliche oder berateri-
sche Begleitung können die Stufen des Lebens auch zu auslösenden Situationen für seelische Überforderung, für Rückzug
und Resignation werden. Wenn es dazu kommt, sind Seelsorge und Beratung und u. U. auch Psychotherapieangebote
ohnehin notwendig.

Die Aufmerksamkeit von Seelsorgern und Beratern für
Rituale und ihre Bedeutung im Alltag und im Lebenslauf
des Menschen könnte größer sein. Rituale gehören zu den
Ressourcen des Menschen gerade in traumatischen und
verwirrenden Situationen seines Lebens. Jede Tagesstruktur
beinhaltet kleine Rituale, die Ordnung schaffen und Sicherheit verleihen. Jedes Jahr enthält einen wiederkehrenden
Kreis von Ritualen, die einen Überblick gewähren und eine
Orientierung. Jedes Leben wird mitbestimmt durch Rituale
an Schwellensituationen. Von daher könnte auch in Seelsorge
und Beratung ein Hinweis auf die Kraft der Rituale hilfreich
sein: Eine Erinnerung an den Tag der Taufe beispielsweise,
an dem die Taufkerze noch einmal angezündet wird. Ein
aufmerksames Andenken an den Hochzeitstag, an dem auch
Freunde beteiligt sein können und der nicht nur bei der Silberhochzeit oder der goldenen Hochzeit mit einer Andacht
begangen werden könnte. Eine rituelle Feier der »runden«
Geburtstage. Ein Gedenkgottesdienst für die Verstorbenen,
bei dem auch der Name genannt wird.

Aber neben diesen traditionell bis heute begangenen Ritualen kann in Beratungen auch die Möglichkeit bedacht werden, beim Abschied von Familienangehörigen oder Freunden
einen Segensspruch mitzugeben (»sei gut behütet!«, »Gott

segne dich!«) oder an einem Tag in der Woche eine Auszeit mit dem Partner bzw. der Partnerin einzuplanen oder ein Großfamilientreffen zu organisieren, bei dem man auch die Geschwister und deren Angehörigen wieder sieht oder einen Patchworkfamilienausflug auch mit dem getrennten Ehepartner zu wagen oder eine Teezeremonie in der Familie einzuführen oder wöchentliche Treffen mit der Freundesgruppe zu verabreden oder mit Freunden einmal im Jahr in ein bestimmtes Restaurant zu gehen oder jeden Morgen der Ehefrau den Kaffee/Tee ans Bett zu bringen. Eine Vielzahl von kleinen Ritualen zeigt die Aufmerksamkeit und die Treue in Beziehungen und die Liebe zu Ordnungen, die zu einem Erhalt der Bindung und zum eigenen Wohlgefühl beitragen. Das kann in einem Beratungsgespräch deutlich werden.

Auch das seelsorgerliche Beratungsgespräch selbst kann rituelle Strukturen haben. Nach einem befreienden Aussprechen dessen, was einen bindet und immer wieder zu Rückschritten in die Vergangenheit bringt, folgt eine Erörterung der gegenwärtigen Wandlung der Identität und das Gespräch kommt schließlich zur Frage der Anwendung des Besprochenen in einer neuen gesellschaftlichen Position im Sinne einer neuen Orientierung.

8. Adressen von Hilfseinrichtungen

Telefonseelsorge: http://www.telefonseelsorge.de
Telefon: 0 800/111 0 111 oder 0 800/111 0 222 (kostenlos)
Mit ihrer 24stündigen bundesweiten Rufbereitschaft ist die
Telefonseelsorge das flächendeckendste Angebot aller spezi-
alisierten Krisenhilfsangebote.

Über die Internetadresse www.evangelische-beratung.info
können ca. 2000 Beratungsstellen in Trägerschaft von Diakonie und evangelischer Kirche gefunden werden. Sie unterstützen und beraten Menschen aller Glaubensrichtungen bei
den verschiedensten Problemen und Lebenskrisen. Auf dieser
Seite finden Sie Informationen zu verschiedenen Angeboten
und Sie können deutschlandweit nach Beratungsstellen in
Ihrer Nähe suchen. Hier wird auch ein geschützter E-Mail-
Verkehr vermittelt.

Das Evangelische Zentralinstitut für Familienberatung www.
ezi-berlin.de informiert über Weiterbildungen für Psychologische Beratung, Paarberatung und Familienberatung, sowie
über Hauptstellen der Psychologischen Beratungsarbeit, die
für Fort- und Weiterbildung in den Landeskirchen zuständig
sind.

Bei **www.ekful.de** können Informationen über die Arbeit der
Evangelischen Konferenz für Ehe-, Familien- und Lebensfra-
gen (auch Mentoren und Supervisoren der EKFuL) eingeholt
werden.

9. Literatur

Alt-Saynisch, Barbara/Raabe, Gerson (Hrsg.), Das Ende als Anfang. Rituale für Paare, die sich trennen, Gütersloh 2002.

Aries, Geschichte des Todes, München ³1987 (1978).

Belliger, Andréa, Krieger/David J. (Hrsg.), Ritualtheorien. Ein einführendes Handbuch, Wiesbaden ⁴2008.

Beck, Ulrich/Beck-Gernsheim, Elisabeth, Das ganz normale Chaos der Liebe, Frankfurt/M. 1990.

Beck, Ulrich, Risikogesellschaft. Auf dem Weg in eine andere Moderne, Frankfurt/M. 1986.

Bion, Wilfried, Lernen durch Erfahrung (1962), Frankfurt a. M. 1990.

Böhm, Rainer, Biografie und Ritual, Biografie in der Perspektive kirchlicher Amtshandlungen, in: Wohlrab-Sahr (Hrsg.), Biografie und Religion. Zwischen Ritual und Selbstsuche, Frankfurt/New York 1995, 180–197.

Bollas, Christopher, Genese der Persönlichkeit. Psychoanalyse und Selbsterfahrung, Stuttgart 2000.

Bowlby, John, Bindung, München 1975.

–   Verlust, Trauer und Depression, Frankfurt 1983, Fischer Tb.

Brisch, Karl Heinz, Bindungsstörungen. Von der Bindungstheorie zur Therapie, Stuttgart (1999/2009) ¹⁰2010.

Bukowski, Peter, Die Bibel ins Gespräch bringen. Erwägungen zu einer Grundfrage der Seelsorge, Neukirchen-Vluyn ³1996.

Bundschuh-Schramm (Hrsg.), Gottesdienste und Segensfeiern für Paare, Ostfildern 2004.

Deutscher Bundestag, 17. Wahlperiode, Drucksache 17/3815 vom 17.11.2010: Sechster Bericht zur Lage der älteren Generation in der Bundesrepublik Deutschland – Altersbilder in der Gesellschaft und Stellungnahme der Bundesregierung.

Douglas, Mary, Reinheit und Gefährdung, Berlin 1985.

–   Ritual, Reinheit und Gefährdung, in: Belliger, Andréa/Krieger, David J. (Hrsg.) Ritualtheorien. Ein einführendes Handbuch, Wiesbaden ⁴2008, 77–96.

Durkheim, Émile, Die elementaren Formen des religiösen Lebens, Frankfurt/M. und Leipzig 2007 (1981).

Eliade, Mircea, Das Heilige und das Profane. Vom Wesen des Religiösen, Frankfurt/M. und Leipzig 1998 (1984).

– Das Mysterium der Wiedergeburt. Initiationsriten, ihre kulturelle und religiöse Bedeutung, Zürich/Stuttgart 1961.

Erikson, Erik H., Identität und Lebenszyklus, Frankfurt/M. [7]1981.

– Die Ontogenese der Ritualisierung, in: Psyche XXII 1968, 481–501.

Erikson, Erik H./Erikson Joan M, The Life Cycle Completed. (Extended version with new chapters on the ninth stage of development by Joan M Eriskon), New York 1997.

Ermann, Michael, Psychosomatische Medizin und Psychotherapie, Ein Lehrbuch auf psychoanalytischer Grundlage, Stuttgart [5]2007.

– Über mediale Identifizierung, in: Forum der Psychoanalyse 2003, 19: 181–192.

Ernst, Heiko, An ihren Ritualen sollt ihr sie erkennen, Editorial in: Psychologie heute, 31. Jg., April 2004, 3.

Fischediek, Heribert, Die Kraft der Rituale. Lebensübergänge bewusst erleben und gestalten, Stuttgart 2004.

Foucault, Michel, Die Heterotypien. Der utopische Körper, Frankfurt 2005.

Freud, Anna, Wege und Irrwege in der Kinderentwicklung, Stuttgart [2]1971.

Freud, Sigmund, Erinnern, Wiederholen, Durcharbeiten, 1914, Stud.ausg. Erg. Bd., 207–215, G.W. Bd. 10, 126–136.

– Jenseits des Lustprinzips, GW XIII, 1920, S. 11–15.

– Neurose und Psychose, 1924, Stud.ausg. Bd. III, 333–337, G.W. Bd. 13, 389.

– Über neurotische Erkrankungstypen, 1912, Stud.ausg. Bd. VI, 217–223, G.W. Bd. 8, 321.

Gennep, Arnold van, Übergangsriten (Les rites de passage), Frankfurt/New York [3]2005.

Giebel, Marion, Das Geheimnis der Mysterien, Düsseldorf 2003.

Goffman, Erving, Interaktionsrituale, Über Verhalten in direkter Kommunikation, Frankfurt 1986.

Gräb, Wilhelm, Lebensgeschichten, Lebensentwürfe, Sinndeutungen, Gütersloh (1998), [2]2000.

Grimm, Gebrüder, Kinder- und Hausmärchen. Gesammelt durch die Brüder Grimm, 2 Bände, Manesse Verlag.

Groeben, Norbert, Verhalten, Tun und Handeln in Ritualen. Eröffnungsvortrag zu Ritual & Grenzerfahrung, 15.–17.10.2004. Kongress zur Dynamik und Wirksamkeit von Ritualen, www.auditorium-netzwerk.de, Heidelberg 2004.

Haar, Rüdiger, Eltern unter Druck,. Beratung von hilflosen und überforderten Eltern, Göttingen 2010.

– »Ist Papa jetzt im Himmel?«, Zur Bedeutung des Todes in Theologie und Kinderpsychoanalyse, in: Kind und Umwelt Heft 59 1988.

– Persönlichkeit entwickeln. Beratung von jungen Menschen in einer Identitätskrise, Göttingen 2010.

Hark, Helmut, Der Gevatter Tod. Ein Pate fürs Leben, Zürich 1986.

Heimbrock, Hans-Günther, Gottesdienst: Spielraum des Lebens. Sozial- und kulturwissenschaftliche Analysen zum Ritual in praktische-theologischem Interesse, Kampen/Weinheim 1993.

Hennig, Kurt (Hrsg.), Jerusalemer Bibellexikon, Stuttgart 1989.

Hermelink, Jan, Konfirmation als Ritual heilsamer Verstörung. Systemische Sichtweisen auf die Kasualliturgie, WzM 53(2001) 481–500.

Hoffmann, Sven O./Hochapfel, G., Neurosenlehre, psychotherapeutische und psychosomatische Medizin, Stuttgart [6]1999.

Hopf, Hans/Windaus, Eberhard (Hrsg.), Lehrbuch der Psychotherapie, Bd. 5 Psychoanalytische und tiefenpsychologisch fundierte Kinder- und Jugendlichenpsychotherapie, München 2007.

Jetter, Werner, Symbol und Ritual. Anthropologische Elemente im Gottesdienst, Göttingen 1978.

Jungaberle, Henrik/Verres, Rolf/Dubois, Fletcher (Hrsg.), Rituale erneuern. Ritualdynamik und Grenzerfahrung aus interdisziplinärer Perspektive, Gießen 2006.

Josuttis, Manfred, Die Einführung in das Leben. Pastoraltheologie zwischen Phänomenologie und Spiritualität, Gütersloh 1996.

Karle, Isolde, Seelsorge in der Moderne, Neukirchen 1996.

Kachler, Roland, Meine Trauer wird mich finden. Ein neuer Ansatz in der Trauerarbeit, Stuttgart 2005.

Käßmann, Margot, In der Mitte des Lebens, Freiburg im Breisgau (2009) [5]2010.

Keupp, Heiner/Ahbe, Thomas/Gmür, Wolfgang/Höfer, Renate/Mitzscherlich, Beate/Kraus, Wolfgang/Strauss, Florian, Identitätskonstruktionen. Das Patchwork der Identitäten in der Spätmoderne, Hamburg [4]2008 (1999).

Klessmann, Michael, Seelsorge. Begleitung, Begegnung, Lebensdeutung im Horizont des christlichen Glaubens. Ein Lehrbuch, Neukirchen-Vluyn 2008.

Kremer, Raimar/Lutzi, Jutta/Nagel, Bernd: Unfall als Krise, Göttingen 2011.

Klostermeier, Birgit, Wächst die Kirche mit ihrem Alter? Pastoraltheologie 98, 2009, 360–379.

Luther, Henning, Identität und Fragment, in: Luther, Henning, Religion und Alltag, Stuttgart 1992, 160–182.

Michaels, Axel, Die neue Kraft der Rituale, Heidelberg [2]2008.

Mentzos, Stavros, Neurotische Konfliktverarbeitung, Frankfurt 1984.

Mercier, Pascal, »Perlmanns Schweigen«, Roman, München [9]1997.

Moody, Raymond A., Leben nach dem Tod, Reinbek bei Hamburg 1982.

Mühlmann, R. E., Ritus. In: Hrsg. Galling, Kurt etal, Die Religion in Geschichte und Gegenwart (RGG), 5. Band, Tübingen [3]1986.

Neuburger, Robert, Mythos Paar, Düsseldorf 1999.

Nuland, Sherwin B., Wie wir sterben. Ein Ende in Würde?, München 1996.

Peters, Meinolf, Die gewonnenen Jahre. Von der Aneignung des Alters, Göttingen 2008.

– Leben in begrenzter Zeit, Göttingen 2011.

Petersen, Yvonne/Köhler, Lotte, Die Bindungstheorie als Basis psychotherapeutischer Interventionen in der Terminalphase, Forum Psychoanal 2005, 21:277–292.

Porsch, Udo, Allgemeine und psychologische Grundlagen der Psychotherapie, in: Hopf, Hans/Windaus, Eberhard (Hrsg.), Lehrbuch der Psychotherapie, Bd. 5 Psychoanalytische und tiefenpsychologisch fundierte Kinder- und Jugendlichenpsychotherapie, München 2007.

Rechenberg-Winter, Petra/Fischinger, Esther, Kursbuch systemische Trauerbegleitung, Göttingen ²2010.

Reich, Günter/Cierpka Manfred, Psychotherapie der Essstörungen, Stuttgart 1997.

Reiche, Reimut, Haben frühe Störungen zugenommen? In: Psyche Heft 12, 1991.

Riemann, Fritz, Grundformen der Angst und die Antinomien des Lebens, München/Basel ⁷1972, ⁴⁰2011.

Riess, Richard, Die Krisen des Lebens und die Kasualien der Kirche. Zur pastoralpsychologischen Konzeption der kirchlichen Amtshandlungen, in: Ders., Sehnsucht nach Leben, Göttingen 1987, 115–127.

– Sehnsucht nach Leben. Spannungsfelder, Sinnbilder und Spiritualität der Seelsorge, Göttingen ²1991.

Rigos, Alexandra, Initiationsriten. Schmerzhafter Übergang, in : GEO WISSEN Nr. 41 Pubertät, Hamburg 2008.

Sauter, Gerhard, Das verborgene Leben. Eine theologische Anthropologie, Gütersloh 2011.

Scharfenberg, Joachim, Seelsorge als Gespräch, Göttingen 1972.

Schaudig, Kathrin/Schwenkhagen, Annelise, Kompass Wechseljahre, München 2007.

Schildmann, Johannes/Wolf, Bernhard, Konfirmandenarbeit, Stuttgart/Berlin/Köln/Mainz 1979.

Schoppa, Hans-Günter, Verlust des Arbeitsplatzes. Beratung von arbeitslosen Menschen, Göttingen 2010.

Schultz-Hencke, Harald, Lehrbuch der analytischen Psychotherapie, Stuttgart ²1970.

Shell-Deutschland Holding (Hrsg.), Jugend 2006, Eine pragmatische Generation unter Druck, Konzeption & Koordination: Klaus Hurrelmann/Mathias Albert & TNS Infratest Sozialforschung, 15. Shell Jugendstudie, Frankfurt/M. 2006.

Shell Deutschland (Hrsg.), 16. Shell Jugendstudie 2010, Konzeption & Koordination: Albert, Mathias/Hurrelmann, Klaus/Quenzel, Gudrun & TNS Infratest Sozialforschung, Frankfurt 2010.

Spitz, René A., Die Entstehung der ersten Objektbeziehungen, Stuttgart 1973.

Stauber 2004, 118 zit. nach Schachtner, Christina, Beziehungen in virtuellen Räumen, Vortrag Alpen-Adria-Universität Klagenfurt, S. 6, (Homepage).

Steffensky, Fulbert, Segnen – Gedanken zu einer Geste, Pastoraltheologie 1, 1993, 2–11.

Gerd Theissen, Rituale des Glaubens, Religiöse Rituale im Licht akademischer Riten, in: Michaels, Axel, Die neue Kraft der Rituale, Heidelberg ²2008, 11–44.

Thurneysen, Eduard, Die Lehre von der Seelsorge, Zürich ⁷1994 (1946).

Christoph Türcke, Philosophie des Traums, München 2008.

Turner, Victor, Das Ritual. Struktur und Anti-Struktur, Frankfurt/M. 2005 (1989).

Wagner, Birgit/Maercker, Andreas, Psychotherapie im Internet – Wirksamkeit und Anwendungsbereiche, in: Psychotherapeutenjournal 10.Jg., 1/2011, 33–42.

Wagner-Rau, Ulrike, Seelsorge als Gespräch. Relecture eines Klassikers der Pastoralpsychologie, in: Wege zum Menschen, 60. Jg., 20–32, Göttingen 2008.

– Segensraum – Kasualpraxis in der modernen Gesellschaft, Stuttgart ²2008.

Weber, Wilfried, Gottesdienst für Geschiedene. Dienst Gottes an Geschiedenen, Deutsches Pfarrerblatt 8/99, 472–475.

Wewetzer, Christoph/Hemminger, Uwe, Zwangsstörungen bei Kindern und Jugendlichen, in: Mattejat, Fritz, Lehrbuch der Psychotherapie für die Ausbildung zum Kinder- und Jugendlichenpsychotherapeuten und für die ärztliche Weiterbildung, Band 4: Verhaltenstherapie mit Kinder, Jugendlichen und ihren Familien, München 2006, 539–548.

Winkler, Klaus, Seelsorge, Berlin/New York 1997.

Winnicott, Donald W., Vom Spiel zur Kreativität, Stuttgart 1985, 10–36.

Wohlrab-Sahr (Hrsg.), Biografie und Religion. Zwischen Ritual und Selbstsuche, Frankfurt/New York 1995.

Ziemer, Jürgen, Seelsorgelehre, Göttingen 2004.